韶文化研究丛书编委会

岭南文化书系

韶文化研究丛书

马坝人与石峡文化研究

徐 剑 编著

暨南大学出版社
JINAN UNIVERSITY PRESS

中国·广州

图书在版编目（CIP）数据

马坝人与石峡文化研究/徐剑编著．—广州：暨南大学出版社，2022.12
（岭南文化书系．韶文化研究丛书）
ISBN 978 - 7 - 5668 - 3566 - 6

Ⅰ.①马…　Ⅱ.①徐…　Ⅲ.①石器时代考古—文化遗址—研究—曲江
区　Ⅳ.①K871.104

中国版本图书馆 CIP 数据核字（2022）第 240017 号

马坝人与石峡文化研究
MABAREN YU SHIXIA WENHUA YANJIU
编著者：徐　剑

出 版 人：张晋升
项目统筹：苏彩桃
策划编辑：武艳飞
责任编辑：刘　蓓
责任校对：刘舜怡　黄子聪
责任印制：周一丹　郑玉婷

出版发行：暨南大学出版社（511443）
电　　话：总编室（8620）37332601
　　　　　营销部（8620）37332680　37332681　37332682　37332683
传　　真：（8620）37332660（办公室）　37332684（营销部）
网　　址：http://www.jnupress.com
排　　版：广州市天河星辰文化发展部照排中心
印　　刷：韶关市新华宏达印务有限公司
开　　本：787mm×1092mm　1/16
印　　张：8
字　　数：120 千
版　　次：2022 年 12 月第 1 版
印　　次：2022 年 12 月第 1 次
定　　价：39.80 元

马坝人—石峡遗址照片

广东省重点文物保护单位——"马坝人"出土地点

马坝人塑像

马坝人遗址公园大门

全国重点文物保护单位

马坝人—石峡遗址

中华人民共和国国务院　2006年5月25日公布
韶关市人民政府　2015年3月20日　立

全国重点文物保护单位马坝人—石峡遗址

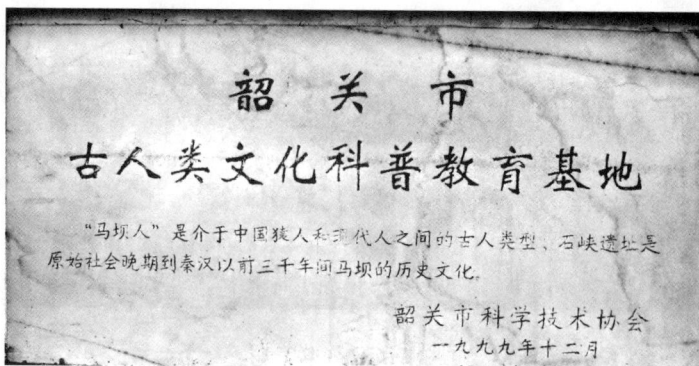

韶关市
古人类文化科普教育基地

"马坝人"是介于中国猿人和现代人之间的古人类型，石峡遗址是原始社会晚期到秦汉以前三千年间马坝的历史文化。

韶关市科学技术协会
一九九九年十二月

韶关市古人类文化科普教育基地

狮头山全貌（东面）

狮头山（北面）

狮头山（南面）

狮头山（西面）

狮子岩全貌（南面）

狮子岩（东面）

狮子岩由两座石灰岩孤峰组成

位于狮子岩对面的马坝人博物馆

总　序

一

　　韶关历史悠久，文化底蕴深厚，源远流长，为岭南开发较早的地区之一。宋代乐史撰《太平寰宇记》所引《郡国志》言："韶州，科斗、劳水间有韶石……永和二年有飞仙衣冠分游二石上。昔舜游登此石，奏韶乐，因以名之。"其实，"韶"字来源于"舜帝南巡奏韶乐"的美妙传说早在隋唐时期就已出现。隋开皇九年（589），韶州以"韶"为州名，千百年来始终未改。此后，在中华大地上以"韶"命名的古城韶州成为岭南著名州府。迄今为止，韶关是唯一以"韶"命名的历史文化名城。

　　马坝人的发现证明了早在十多万年前，人类的祖先就在韶关这块古老的土地上繁衍生息。石峡文化遗址的发掘又告诉人们，在四五千年前，这片区域已经与长江流域在经济文化方面有了密切的联系，及至秦破百越、纳岭南，韶州成为岭南最早归属中央政权管辖和开发的地区之一。汉晋以降，珠玑先民持续南迁至珠江三角洲，衍成广府民系和广府文化。可以说，韶文化是岭南文化早期的一个主要源头。唐代著名文学家皇甫湜在为韶州作《韶阳楼记》时写道："岭南属州以百数，韶州为大。"韶关作为广东北大门及粤北历史文化中心，自古就发挥了传输中原文化、弘扬岭南文化的先进作用。

　　韶关自古为岭南重镇，又是人杰地灵之都、山川灵秀之域。唐初，禅宗南派创始人六祖惠能在韶州弘法近四十年，述成了第一部中国化的佛家经典《六祖坛经》，形成了著名的禅宗文化。南北朝时期以勇猛刚烈著称的风烈将军侯安都，唐开元盛世名相、以风度名扬天下的张九龄，学深刚毅、文采拔萃、以风采而著名的北宋政治家余靖，明

代抗倭名将陈璘，清代著名思想家廖燕等，都是受韶文化滋养的土生土长的韶州人杰。唐代大文豪韩愈，北宋文学家苏东坡，南宋诗人杨万里、著名理学家朱熹、名臣文天祥，明代才子解缙、著名学者丘濬、理学家陈白沙、科学家徐光启、军事家袁崇焕，清代著名诗人王士禛、朱彝尊，以及民国时期革命先行者孙中山，中华人民共和国创建者毛泽东、朱德、陈毅等一大批名人都在韶关留下了千古流芳的诗文和历史足迹。在中华世纪坛上铭刻的一百多位对中国历史文化产生深刻影响的人中有两位外国人，其中有一位是被誉为"中西文化交流第一人"的意大利传教士利玛窦，他也曾经于明代在韶关活动六年，对西学东渐和东学西传作出了不可磨灭的贡献。

从古代相传"舜帝南巡奏韶乐"到岭南名州、历史文化名城，韶关经过代代相传，已经形成了岭南文化中不可或缺的重要组成部分——韶文化。因此，我们说，韶文化是指分布在粤北地区的、受历代行政区划和自然环境影响孕育滋生的一种有着较为突出特征的史志阶段的区域文化。简言之，韶关本土的历史文化就是韶文化。韶文化的核心是以"韶"为主的包容、和谐、善美的传统精神，其文化结构的主要元素是舜韶乐文化、客家文化、南禅宗佛教文化、历史名人文化、瑶族文化、矿冶文化、山区生态文化、红色革命文化等，在文化形态上既表现了与岭南文化的同一性，又表现出自然与人文各方面的多元性和独特性。正是由于以上在地域特征、自然生态、族源构成等方面显示出的诸多特殊性，以"韶"为主题的韶文化才得以确立，并在数千年的历史中不断融合发展。

二

韶文化是岭南文化中一个主要的文化类型。这个文化类型的特色在以石峡文化为代表的萌芽阶段已初现端倪，在秦代南越国及两汉以后步入发展阶段，曲江（又称曲红，因曲红冈得名）、始兴郡皆为当时岭南最重要的中心城市之一，特别是此地最富特色的以丹霞红岩为主的自然生态风光逐渐被人们发现，而且由于舜帝南巡，在岭南地区奏韶乐的历史传说，原名"曲红冈"的丹霞地貌被赋予"至美""至善"的韶乐精神，并被命名为"韶石"："隋平陈，为韶州，以韶石为

名。"（唐初梁载言《十道志》）至此，以"韶"为核心的优美的自然环境与善美和合的韶乐人文精神在粤北地区被有机地结合起来，"韶乐""韶石"成为韶州这一地区最响亮的文化符号。基于地方行政区划和自然环境特殊性而形成的区域文化——韶文化，在保留了岭南文化一般特征的同时，逐渐在粤北展现出自己独特的文化结构、文化形态特征，主要表现在：

——舜韶乐文化。它不仅是韶关得名之源，而且有历史上一大批古建筑作为载体，以及隋唐以来历代史志和名人歌赋作为文献记录。韶乐的和谐善美精神在韶关地区的传播至少有千余年，是韶文化的精神内核，是统领其他文化要素的主导部分，也是区别于其他区域文化的重要地方特色。之所以把粤北地区的文化称为"韶文化"，其主要原因正在于此。

——汉族移民文化、粤北客家文化、瑶族文化、畲民文化构成了韶文化的民族民系主体。特别是持续南迁的珠玑移民构成了日后广府民系的主体，对岭南和东南亚的开发影响深远。

——发源于韶关的南禅宗佛教文化及其他宗教文化构成了韶文化精神层面的重要补充。南禅宗文化使佛教比较彻底地中国化，影响超出岭南，并传播到全国甚至全世界。

——历史上，粤北古道交通文化和名人文化突出。粤北是中原文化和岭南文化之间的主要通道、海上丝绸之路的陆上重要节点，而慧能、张九龄、余靖等都是岭南人杰，影响广泛。

——历史悠久的矿冶文化。韶关采矿历史久远、规模巨大，是世界上最早运用"淋铜法（湿法炼铜）"来大规模生产胆铜的地方。矿冶业延续至今，是韶关的重要经济命脉，也是韶关突出的城市文化特色和韶文化的突出特征。

——山区生态文化。地域居民秉承"天地同和"精神，在历史长河中与自然和谐相处，生态环境基本保持良好，是韶文化特色的显现，也是今后韶关发展的最重要的资源之一。

——以毛泽东、朱德、陈毅等人及抗战时期的广东省委在韶关的革命活动为代表的红色革命文化。此外，孙中山以韶关为根据地二次誓师北伐、抗战初期广东省省会北迁韶关等也都是宝贵的历史财富。

上述文化结构、文化形态特征是韶文化的主要内涵，也是我们开展韶文化研究的主要方向。

三

重视韶文化的研究、传承与弘扬，对岭南文化的传播与发展具有非常重要的意义。深入细致地挖掘和研究韶文化，可以有力地推动粤北历史文化研究的发展，推动地方人文历史与环境的良性互动，丰富人民群众的精神文化生活，深化岭南文化的固有内涵，促进岭南文化繁荣发展，为广东建设文化强省、韶关建设区域文化中心提供理论依据和文化支撑。有鉴于此，韶关市和韶关学院于 2009 年 11 月正式联合成立了韶文化研究院，现已拥有专职、兼职研究人员 40 多人，特聘文化顾问 10 人。研究院成立以来，在韶关学院和韶关市委宣传部、韶关市社会科学界联合会的领导与支持下，积极开展地方文化历史研究与传播工作，先后获准设立广东省张九龄研究中心、广东省韶文化研究基地。2012 年 7 月，经广东省委宣传部和广东省社会科学院发文，研究院升格为广东地方特色文化（韶文化）研究基地，成为全省首批九大特色文化研究基地之一。

本丛书即该基地的初期研究成果。丛书的规模暂不限定，计划先用三年时间陆续推出几批著作。目前选题以历史文化为主，专注于与韶关有关的人、事和物，今后将逐渐扩大研究范围。

感谢韶关学院的党政领导和韶关市委宣传部、韶关市社会科学界联合会对本丛书立项、研究撰写和出版发行的支持与资助。特别感谢本丛书的各位作者，正是由于他们的辛勤劳动和无私奉献，本丛书得以付梓面世。暨南大学出版社对本丛书的出版发行给予了帮助，在此一并感谢。

是为序。

韶关市韶文化研究院
韶关学院韶文化研究院
广东地方特色文化（韶文化）研究基地
2017 年 10 月

前　言

　　我国地域辽阔、历史悠久、文化深厚、人民勤劳，以汉族为主体的各族人民，用自己的劳动和智慧创造了伟大的中华民族，创造了辉煌灿烂的中华文明。无论是秦统一后在岭南设郡、汉在粤"开海"辟"海上丝绸之路"，还是改革开放在广东设立特区以及"一带一路"的建设；无论是作为全面实现现代化"先行先试"的试验区、展示改革开放成果的窗口，还是作为粤港澳大湾区建设的重点地区，广东都与国家的发展和建设息息相关。

　　韶关，简称"韶"，古称韶州，位于广东省北部，北接湖南，东邻江西，东南面、南面和西面分别与广东省的河源、惠州、广州及清远等市接壤。素有"三省通衢"之称。韶关自然景观和人文景观丰富多姿，异彩纷呈，有名山、名刹、溶洞、激流、温泉、原始森林、历史遗迹、摩崖石刻、珍贵文物和独具特色的民族风情。

　　位于韶关市曲江区狮子岩的马坝人遗址，是中国南方古人类发祥地之一，生活于 13 万年前左右的马坝人的头骨化石、伴生动物的化石及其当时所处旧石器时代使用的砍砸石器在这里被相继发现，马坝人头骨化石是中华人民共和国成立后首次发现的最重要的人类化石，是亚洲地区一种原始类型早期智人的代表与祖先，它为我们了解人类从直立人演变到早期智人的过程提供了重要证据。

　　位于狮子岩的狮头山和狮尾山及周边的区域为石峡文化遗址，它包含 4 个不同时期考古学文化堆积，从公元前 4000 年的新石器时代至公元前 470 年的青铜器时代，其中下层文化富有地方特色，文化内涵丰富，被命名为"石峡文化"。石峡文化是以稻耕为主的新石器晚期文化，是广东百越先秦原始文化的主体。

　　狮子岩是两座石灰岩孤峰，远看像伏地的狮子，北山为狮头山，南山为狮尾山，山中拥有纵横交错的溶洞。1958 年，在狮子岩狮头山

北面第二层溶洞中的一条裂隙中，发现了古人类头骨化石和同时期生活的古脊椎动物化石，经鉴定为直立人向早期智人过渡的早期人类化石以及同时期的伴生动物，该人种因出土地被命名为马坝人。

已发现的马坝人头骨化石为一头骨的颅顶部分，包括额骨和部分顶骨，还保存了右眼眶和鼻骨的大部分，属一中年男性个体。马坝人头骨化石眉嵴粗厚，眶后部位明显收缩，额骨比顶骨长，表现出和直立人类似的原始性质。但该化石颅骨骨壁较薄，颅穹窿较为隆起，估计马坝人的脑容量超过直立人，且具有智人的进步性质，是介于中国猿人和新人之间的一种古人类型，属早期智人，是直立人转变为早期智人的重要代表。马坝人头骨化石属于中国东南地区旧石器时代中期的人类化石。这表明，早在 13 万年前珠江流域就有原始人生活。

马坝人的发现，完善了我国原始人类从猿人到新人发展序列的珍贵史料，在人类学研究史上有着重要的意义。其有助于研究古人类在粤北地区的活动和当时的地理气候及生态环境，也为进一步探讨人类演化和发展过程提供了宝贵的材料；既扩大了中国远古人类分布范围，还填补了岭南地区人类进化系统上的空白。[①]

1960 年，马坝人遗址被韶关市人民政府公布为市级文物保护单位；1961 年 10 月，马坝人遗址被广东省人民政府公布为第一批省级文物保护单位。

1973 年，在狮子岩狮头山与狮尾山之间又发现了新石器时代遗址——石峡文化遗址。遗址内有 4 个不同时期的考古学文化堆积层，分别是距今 3100—2800 年西周晚期到春秋时期的上文化层（青铜文化层）；距今 4000—3100 年的中文化层（夏商文化层）；距今 5000—4000 年，相当于新石器时代晚期的下文化层（石峡文化层）；距今 7000—5000 年的底文化层（前石峡文化层）。石峡文化遗址内还发现了柱洞、灰坑、陶窑等遗存，被清理出来的公共墓葬有 100 多座，并出土石器、陶器及玉器等遗物 3 000 余件。其中，石峡文化层出土的石器工具普遍磨光，有弓背两端刃轴，如段石锛、肩石锛、凿、钺和镞等；其稻作农业发展程度较高，发现较丰富的粳稻、籼稻遗存；陶器中三足器、圈足器发达，有少量曲尺纹、旋涡纹几何印纹陶。在石

① 吴汝康. 马坝人化石在我国人类发展史上的重要意义 ［M］//广东省博物馆，曲江县博物馆. 纪念马坝人化石发现卅周年文集. 北京：文物出版社，1988.

峡文化遗址发现的墓地中，多数墓坑经过烧烤，均为单人葬，为当时盛行的二次迁葬。迁葬墓有两套随葬品，一套是同人骨一起迁来的残破陶器，另一套是二次埋葬时新放入的。晚期大小墓差别明显，大墓随葬品多达数十件至百余件，包括成批石器及琮、瑗、璧等贵重玉器，往往还伴放稻谷米粒作为祭奠食物，小型墓的随葬品没有贵重玉器，反映出贫富分化和社会已出现特殊阶层。石峡文化与岭南地区本土文化有着明显的区别，少数陶器具有良渚文化特征。其与北邻的江西赣江流域樊城堆文化关系最为密切，有人将樊城堆文化和石峡文化并称为樊城堆—石峡文化。

马坝人遗址与石峡文化遗址的发现和发掘是广东考古工作的重大突破，它填补了岭南地区秦汉以前广东古文化发掘研究的空白，也为进一步研究石峡文化与邻近省区及东南沿海地区同期文化之间的关系、探讨我国古人类文化发展的过程，提供了丰富且重要的实物资料。2000年，马坝人遗址和石峡文化遗址被评为"20世纪100项考古重大发现"；2001年6月，马坝人遗址和石峡文化遗址合并，被国务院公布为第五批全国重点文物保护单位。

本书主要分为两大部分，上篇为"马坝人"，主要包括马坝人遗址及其附近发现的同时期文化遗物、马坝人化石和石器的考古发现过程、马坝人化石的特点、马坝人在人类起源与演化中的地位、马坝人生活时期的气候与环境、马坝人时期的伴生动物、马坝人与周边地域古人类的关系、马坝人与珠江流域古人类的关系等。下篇为"石峡文化"，主要包括石峡文化的考古发现过程、石峡文化与周边地域古文化之间的关系、石峡文化时期的农业生产状况、前石峡文化与石峡文化等。

编著者

2021 年 7 月

目 录

马坝人

1958 年韶关市曲江县（今曲江区）狮子岩狮头山北面第二层溶洞中的一条裂隙内（图 1-1）发现了古人类头骨，其化石程度极高，外观灰黄色，仅存三块头顶骨，分别是一块眼眶至前额骨、一块鼻骨、一块右碟骨连右颞骨部分，左眉及上额有动物咬齿痕。头骨表面粗涩，容积较大，骨缝已合，顶卵圆形，无顶骨孔，高度超过北京人而明显小于山顶洞人，骨厚约为现代人的 1/2，薄于北京人，与现代常人相当；眉嵴粗壮，向前和两侧突出，上渐与额骨鳞相接，眶后部位明显收缩，额骨比顶骨长，表现出和直立人类似的原始性质。该颅骨骨壁较薄，颅穹窿较为隆起，脑容量可能较大，估计超过北京人，又具有智人的进步性质，经有关专家鉴定，该头骨化石是第四纪更新世中期中年男子头骨化石，属于直立人向智人过渡的早期类型人类化石，与德国尼安德特人相当的早期智人同期，是亚洲早期智人的代表，代表着人类从猿到人进化过程中的重要环节。1959 年梁钊韬、李见贤在《中山大学学报》（社会科学）等期刊发表文章，正式提出"马坝人"的命名。[①]

图 1-1 马坝人头骨出土地点

---

① 梁钊韬，李见贤. 马坝人发现地点的调查及人类头骨化石的初步观察 [J]. 中山大学学报（社会科学），1959（第 1、2 期合刊）.

马坝人头骨是中华人民共和国成立后首次发现的最重要的人类化石之一，代表着亚洲地区一种原始类型早期智人的祖先，它为我们了解人类从直立人向早期智人演变的过程提供了重要证据。20世纪80年代，该化石是早期智人中年男性个体的结论再次得到确认，其代表了直立人演化为晚期智人的中间环节。马坝人化石是华南地区发现的早期智人化石之一，其保存的完整性超过许家窑人、长阳人、丁村人化石，仅次于金牛山人和大荔人化石。

根据20世纪50年代的考古情况，学术界只能说明马坝人遗址尚未发现文化遗物。然而，随着考古工作的深入，这一提法在20世纪80年代有所改变。1984年8月23日，在马坝人化石淤泥处发现了砾石打制器（图1-2），填补了马坝人遗址石器的空白。1986年，经铀系不平衡法测出马坝人化石年代为12.9万年前。此外，在马坝人遗址还发现了东方剑齿象等近20种第四纪古生物群骨和牙齿化石。[①]

图1-2　马坝人时期使用的砾石打制器

一、马坝人遗址狮子岩的地形地貌和形成过程

（一）狮子岩的地形地貌

马坝是喀斯特地貌在广东省内的一个分布区，这里的喀斯特地貌同西南地区、桂北地区的喀斯特地貌有所不同，后者的喀斯特地貌多

---

① 宋方义，张镇洪. 马坝人伴生动物群的研究［M］//广东省博物馆，曲江县博物馆. 纪念马坝人化石发现卅周年文集. 北京：文物出版社，1988.

呈大片连绵分布，而前者的喀斯特地貌多呈零星小片分布，彼此互不联结，但峰林地貌则表现得较为典型。马坝位于中国的南部，南岭以南，纬度较低，属于亚热带季风气候，为早期人类的繁衍生息提供了一处良好的栖息地。[①]

马坝人遗址所在狮子岩及其周边地区位于我国东南沿海低山与丘陵区南缘，是一处发育良好的喀斯特峰林地貌，狮子岩是一座较为陡峭的石山，这在山体东部的悬崖上表现得十分明显（图1-3）。在陡壁的下面有巨大的岩石崩塌堆积，山脚处形成倒石堆（图1-4）。狮子岩附近分布有相对高20~50米的阶地，其基岩多为石灰岩。阶地表面除了有一部分是由河流冲积成的砾石层外，其余差不多都被风化后的红土层所覆盖，形成起伏平缓的波状地形。阶地的高程与溶洞的高度相对比表明，溶洞的各层次同各个高程的阶地之间反映的是同一时期的平面位置。

图1-3　远眺狮子岩

---

① 中国科学院《中国自然地理》编辑委员会. 中国自然地理·地貌［M］. 北京：科学出版社，1980.

图 1-4　狮子岩及因岩层上升掉落的岩石

　　整座狮子岩由石炭纪的石灰岩经过溶蚀发育而成，由于溶蚀作用年复一年地进行，故而整座狮子岩发育了为数不少的溶洞。根据对马坝人及其伴生动物群的研究，马坝人的生存时代应在中更新世之末或晚更新世之初，保存其化石的第二层溶洞应在这一时期或更早一些的时候形成，也就意味着马坝人生活时期的地面与今天的地面有 10 米左右的高差。第四纪以来，马坝地区的地质运动以构造上升运动为主，对地表剥蚀作用大于堆积作用，故第四纪地层沉积厚度不大。可以初步推测，因为第四纪以来地壳活动基本稳定，又未发现大型河湖沉积，所以今天狮子岩附近的地貌情况同马坝人时期无根本性差异，马坝人就是在这样一个起伏不大的丘陵地区进行狩猎和采集活动的。

　　（二）狮子岩的形成过程

　　在中生代的侏罗纪至白垩纪期间，岩浆活动十分强烈。白垩纪晚期，特别是进入新生代以来，构造活动逐渐趋于平稳，仅有一些间歇性的上升运动。马坝人遗址狮子岩中发育的溶洞由下而上、由新到老分为五层。第一层是水洞，第二、三、四、五层为旱洞，整个溶洞面积宽大，上下连通，洞内冬暖夏凉，洞外四季常青。

　　第一层溶洞与今天的岩溶洼地湖面的高度相当，发育于山麓的基部。溶洞的洞顶一般平坦，沿着节理裂隙渗下的含重碳酸钙的水体，在洞顶生成许多石钟乳，还有部分水直接滴在洞底的黏土堆积层面上，形成钙板层。钙板层下是石灰华与牯土相互掩盖形成的互层，其

顶部齐平,雨季时为水所淹,部分溶洞也积水成为地下湖,干季时互层顶部则露出水面。在水的作用影响下,洞底不断发生沉积作用。各溶洞的深浅大小不一,从数米直至百米,有的还能贯通整座峰林(图1-5)。

图1-5 狮子岩第一层溶洞

第二层溶洞洞顶相对高程约10米,顶部平坦,向下0.2~1米即洞穴堆积的顶面。这一层溶洞的堆积物也有一层钙板层,其下为石灰华与红色黏土的互层,再向下为单一的红色黏土层。第二层溶洞的堆积物尽管水分大,黏性重,但层理尤其是上部的层理较为分明。层理多呈水平状,很可能是静水条件下的沉积物,其上部保存着多种古动物化石。在第二层溶洞北边,有一条西南80°走向的巨大垂直裂隙,它在溶蚀作用下形成一条长40~50米、宽0.66~1.5米、高4~10米的深沟,沟内发现有大量的古生物化石,马坝人头骨化石也发现于此沟(图1-6)。

图 1-6　狮子岩第二层溶洞

　　第三层溶洞洞顶相对高程 20~23 米，顶部基本趋于平坦。洞底与第一、二层溶洞连成一体并形成一个深的陷阱（落水洞）。洞内堆积物较干燥，保存不多，有少量与第二层相同的动物化石（图1-7）。

图 1-7　狮子岩第三层溶洞

　　第四层溶洞距地面高约 50 米，洞体发育受层理面控制，洞口向东倾斜，洞内堆积物很少。在上升运动暂告停止、溶蚀加强的过程中，

狮子岩的每一层都形成水平状的溶洞和多呈水平状的相应堆积层。洞内水平层沉积物的出现，表明溶洞曾多次进水（图1-8）。

图1-8　狮子岩第四层溶洞

第五层溶洞距地面高约60米，为旱洞。

二、马坝人化石和石器

（一）马坝人化石的考古发现

我国是人类发源地之一，目前已知我国境内最早的人类是距今约170万年的元谋人。1965年5月，中国地质科学院地质学家钱方在云南楚雄自治州元谋县东南上那蚌盆地发现了两颗原始人的上内侧门齿，一左一右，属于同一成年个体，接着先后发现了经过人工加工的刮削器和石核等7件石制品，还发现了证明用火痕迹的炭屑和两块黑色骨头。除元谋人外，在我国发现的主要古人类化石还有北京人和蓝田人。1929年，在北京市西南房山区周口店龙骨山发现的北京人化石，距今大约70万年。1963年，在陕西省蓝田县陈家窝村附近发现的蓝田人化石，为30多岁女性的头骨，其眉嵴硕大粗壮，左右几乎连成一条；头骨高度很低，骨壁厚度超过北京人，脑容量只有780毫升，亦

小于北京人。成家窝村附近的蓝田人是目前亚洲北部所发现的最古老的直立人，据测定距今约 50 万年，晚于公王岭化石。[①]

"蓝田人"曾泛指中国陕西省蓝田县的公王岭和陈家窝两地发现的旧石器时代早期的直立人化石；但不少学者主张，这一名称以专用于公王岭的直立人化石为宜，而另把陈家窝的直立人化石称作"陈家窝人"。公王岭地点的地质时代为中更新世早期，用古地磁法测定的年代数据，一是距今约 100 万年，二是距今约 80 万—75 万年；陈家窝地点的地质时代亦属中更新世，用古地磁法测定的年代数据，一是距今约 65 万年，二是距今约 50 万年。在公王岭，与人类化石同层还出土了以三棱大尖状器为特色的石器，并发现了用火遗迹。

以北京西南周口店的北京人和陕西的蓝田人为代表的我国早期的人类，均生活在处于中更新世早期的我国北方地区，华南地区有没有早期的原始人类存在，曾经困扰着史学、古人类学和古生物学的专家学者，马坝人化石的出土，使华南地区有没有早期原始人类活动的问题从此有了答案。

1958 年初，广东省韶关市曲江县（今曲江区）动员各区、乡组织人力做好磷肥资源的调查工作，马坝区（今马坝镇）领导获知马坝一带的狮子岩洞中有厚积含磷的蝙蝠粪，于是决定开发和利用这个天然肥料。同年 5 月，马坝区成立了狮子岩磷肥厂，在狮子岩岩洞挖掘磷肥的过程中，发现了人类骨骼和动物化石，当时的马坝区领导经过讨论，决定将已挖出的 20 筐化石先行存放，等待专家鉴定。1958 年 7 月 26 日，时任广东省委书记陶铸来马坝区视察农村工作，听说狮子岩发现人类和动物化石，当即指示先妥善保存标本，并表示回到广州后马上派专家过来鉴定。8 月 21 日，来自广东省文化局的技术员杨岳章及助手对已挖掘收集的化石标本进行了鉴定。在挖掘收集的化石标本中，有一个挖掘时间在 8 月 14 日、第二层溶洞挖掘出土的形似乌龟壳的化石，经杨岳章细心观察和比对，初步确认为古人类头骨化石，在这份化石标本的标签上面标明"二号、8.14"。由此确定了马坝人头骨化石的出土时间和地点。此外，在重点挖掘地段获得的一些化石，经过技术人员几天的辛勤工作和反复对比鉴定，初步确认在马坝狮子

① 中国科学院古脊椎动物与古人类研究所《中国脊椎动物化石手册》编写组. 中国脊椎动物化石手册（增订版）[M]. 北京：科学出版社，1979.

岩出土的有牛、羊、兔、鼠、龟、鹿、獾、虎、熊、野猪、豪猪、鬣狗、熊猫、犀牛、大象、剑齿象、纳玛象等近20种动物化石，分别属肉食类、啮齿类、奇蹄类、偶蹄类、长鼻类五大类。在同一地段发掘出如此多的动物化石实属罕见。

1958年9月14—18日，中国科学院古脊椎动物研究所专家裴文中、吴汝康、周明镇等，广东省文物管理委员会专家商承祚、麦英豪，以及广东省博物馆、中山大学、广州市文物管理委员会等单位的专家、教授和考古工作者共60多人抵达马坝，在对狮子岩发现的古人类和古动物化石进行认真仔细的复查后，确认形似乌龟壳的人类头骨化石是古人类头骨化石（图1-9）[1]。它的表面较为粗涩，头骨的容积甚大，属于中年男性个体，生活于距今约13万—12万年前的第四纪更新世中期。

图1-9 马坝人头骨化石

马坝人属于早期智人，是介于猿人和现代智人之间的古人类，马坝人的发现使我们更加清晰地了解了我们的祖先从猿人进化到现代智人的过程。1959年，梁钊韬、李见贤发表了《马坝人发现地点的调查及人类头骨化石的初步观察》[2]，吴汝康、彭如策发表了《广东韶关马

---

① 李炎贤. 我国南方第四纪哺乳动物群的划分和演变［J］. 古脊椎动物与古人类，1981（1）.

② 梁钊韬，李见贤. 马坝人发现地点的调查及人类头骨化石的初步观察［J］. 中山大学学报（社会科学），1959（第1、2期合刊）.

坝发现的早期古人型人类化石》①，马坝人化石引起了中外考古学界的极大兴趣。在此之前，我国的人类化石多发现于北方，马坝人化石的发现，对研究直立人演变到早期智人提供了一项珍贵的材料，不仅完善了中国原始人类发展序列，还填补了华南地区人类进化系统上的空白，从而将东南亚的历史提早到一个远古时代，给华南的原始社会研究提供了极其重要的实物证据。马坝人化石的发现还拓宽了考察视野，展示了我国早期人类考察研究光明的前景。作为重要的人类进化阶段的证据，马坝人化石此后被列入世界多种人类进化的教科书和刊物，其对世界人类进化研究的推动和影响是巨大的。

曲江地处南岭山地中段，北江上游。境内丘陵起伏，河流纵横。全域大多数乡镇均处于石灰岩地带，石灰岩山中又多有溶洞。出土马坝人化石的狮子岩狮头山的另外几处洞穴以及附近的龙归、樟市、重阳、枫湾、乌石、罗坑、灵溪、大塘等镇也相继发现了马坝人同期或稍早、稍晚的化石地点。与马坝人化石出土的狮头山相距仅 20～30 米远的狮尾山（图 1-10），已引起了研究者的高度重视，因为按其洞口高度判断很适合人类居住，近年来在洞口的试掘中就发现了不少灵长类动物化石。这些逐渐积累的材料可以证明——自马坝人出现之后相当的一段时间里，大约可延续到晚更新世后期约旧石器时代末、新石器时代初，陆续存在着人类活动的踪迹。

图 1-10　狮尾山（北面）

---

① 吴汝康，彭如策. 广东韶关马坝发现的早期古人型人类化石 [J]. 古脊椎动物与古人类，1959（4）.

迄今为止，狮尾山尚未开始系统的发掘研究，或许将来对狮尾山的发掘能找到马坝人原先的居址，对马坝人遗址的进一步发掘能更全面地展现我国华南地区的早期人类——马坝人的风采。

（二）马坝人与珠江流域古人类

除马坝外，珠江流域的古人类洞穴遗存主要分布于粤西北、粤北和粤西地区，其中以粤西北地区最多（表1-1）。

表1-1　狮子岩马坝人遗址及周边地区洞穴石器情况

生活的年代（万年前）	地点	石器类型	石器质地	用途	开始挖掘时间（年）
12.9 ± 1.5	曲江马坝狮子岩	三角形石器、扁圆形石器	砾石、石英砂岩	砍砸、刮磨	1958
1.714	英德青塘朱屋岩	单边直刃砍砸器、弧刃砍砸器、双刃砍砸器	细砂岩、石英砂岩、板岩	砍砸、刮削	1959
1.67—1.32	阳春陂面独石洞仔	刮削器、刮磨器	砂岩、砂页岩	砍砸、刮磨	1960
1.93 ± 0.2	封开黄岩洞	砍砸器、刮削器石钻、石锤	砂岩、石英砂岩、花岗岩、板岩	刮磨砍砸、刮削、击打	1961
14.8 ± 1.3	封开垌中岩	凸刃、直刃砍砸器	粗砂岩	刮磨、砍砸、刮削	1989
7.9 ± 1.5—2.24 ± 0.16	封开罗沙岩	单刃、双刃砍砸器	细砂岩、粗砂岩	砍砸、刮削	1978
1.2 ± 0.15	罗定饭甑山	刮削器、砍砸器、石锤	细砂岩、石英砂岩	砍砸、刮削、击打	1984

这些古人类洞穴遗存的发现和发掘有力地说明了早在远古时代珠江流域就有人类生存的痕迹，对东亚—东南亚史前人类与文化的研究和探讨具有重要学术意义。

三、马坝人化石的特点

（一）马坝人头骨的特征

马坝人头骨化石，仅保存有颅顶部分，计有额骨和部分顶骨、右眼眶和鼻骨的大部分，整体呈灰黄色，杂有黑色斑块。关于马坝人所处的地质年代，从共生的动物群和马坝人头骨特点判断，应属第四纪中更新世之末或晚更新世之初，即旧石器时代中期的"古人"类型。经同位素年龄法测定，距今12.9万±1.5万年。出土的马坝人头骨颅顶的骨缝已愈合，以现代人愈合为标准，则判断为中年以上的个体；又从其头骨表面较为粗涩，头骨容积甚大等特征判断，是位男性。马坝人头骨形态上有些特征与直立人类似，其眉嵴粗壮且特别突出，眉嵴中部的厚度为11毫米，额骨在眉嵴后方显著收缩。另外，根据马坝人头骨化石正面露出的头骨断面测知，这一部分的平均厚度为6.85毫米，而爪哇人头骨平均厚度为10毫米，中国猿人头骨平均厚度为9.7毫米，现代人头骨平均厚度为5.2毫米，这说明马坝人还保留了猿人的部分原始性质。马坝人的颅骨骨壁较薄，颅弯窿较为隆起，脑容量为1 225毫升，超过北京人1 059毫升的平均脑容量，况且马坝人与同期的尼安德特人也有类似特征，如头骨的厚度和高度，眼眶上缘呈圆弧形等，这些又说明马坝人具有早期智人的进步性质。[①]

马坝人时期的古人类，已经能打制较好的尖角和刃部的石器、猎取较大的动物，并能采集野果和植物根块作为食物，也会摩擦生火，烤制熟食。到后期，还会利用兽皮围身，过着穴居生活。

马坝人生活的年代除参考伴生动物群的地质年代外，北京大学考古学系根据碳测定为距今约13万年前的旧石器时代的中期之初。总体说来，马坝人代表一种介于直立人和早期智人之间、属于比较原始的"早期智人"的人类。

1876年，恩格斯在《劳动在从猿到人转变过程中的作用》一文中，提出了人类起源和发展的三个阶段，即攀树的猿群、正在形成中的人、完全形成的人。这是依次递进的三个发展阶段。人类在成为完

---

① 原思训，等. 华南若干旧石器时代地点的铀系年代 [J]. 人类学学报，1986（2）.

全形成的人之后，其体质仍在继续发展。我国学者又把这一发展过程再分为三个阶段，即南猿阶段（南方古猿）、直立猿人阶段和智人阶段（早期智人叫古人阶段，晚期智人叫新人阶段）。而马坝人则属于这三个阶段中的早期智人古人阶段。中国的早期智人，如丁村人、长阳人、马坝人、许家窑人、大荔人和金牛山人等，都是在中华人民共和国成立以后发现的，其多分布在华北地区。而马坝人是华南地区较早发现的早期智人化石。这一发现扩大了我国古人类的分布范围，显示了早在中更新世之末或晚更新世之初，不但在我国华北地区有人类居住，而且在华南地区也有人类生活。此外，从人类发展来看，马坝人头骨化石保存的部分远比我国其他早期智人，如丁村人、长阳人、许家窑人要完整，仅次于金牛山人和大荔人头骨，成为一种亚洲地区原始类型早期智人的代表（图1-11）。

图1-11 北京人、马坝人、山顶洞人头骨（从左至右）

马坝人化石的出土证明了中华民族历史的悠久，成为中国是世界文明发源地之一的重要佐证之一。从马坝人头骨化石出土至今，对马坝人的研究还在不断深入。发掘马坝人头骨化石的时候，并没有发现马坝人使用的石器，直到1984年8月23日，曲江县博物馆在清理原马坝人头骨化石出土地点的土方时，才发现一件长方形砍砸器和一件扁圆形砍砸器。这一发现填补了马坝人石器的空白，也填补了广东旧石器文化的空白。1988年，中科院院士吴新智在相关研究提出了马坝人的一些特征，如圆形眼眶不同于东亚人类的方形眼眶，而与德国的尼安德特人类似，说明中国古人类在演化过程中与周边古人类可能存在基因交流，为早期智人的进化注入了新的因素。

2016 年，中国科学院古脊椎动物与古人类研究所研究员吴秀杰等采用 CT 技术，对马坝人的额窦和脑表面的形态特征进行了复原。研究分析表明，马坝人的颅容量为 1 300 毫升左右，位于现代人、尼安德特人和海德堡人的变异范围之间。马坝人脑的额叶较窄，顶叶短而扁平，这一特点与欧洲的海德堡人和直立人相似。然而，马坝人额叶相对眼眶的位置、额窦的形态及额鳞的曲度却类似尼安德特人及现代人。马坝人呈现出古老的脑形态特征及特殊的衍生面部特征与欧洲的古人类非常相似，其原因可能与人属成员的平行进化相关，也有可能反映了亚洲古人类的变异情况。

（二）马坝人与其他古人类头骨化石比较

与其他古人类比较，马坝人有如下特点：

第一，马坝人头骨的眉嵴粗壮而明显突出，几乎形成一连续的横条，但向上与额骨鳞部连续，其间有线沟相隔。眉嵴在内侧端最厚，也与猿人不同。从顶面观察，马坝人头骨眉嵴前缘的轮廓不同于爪哇人和中国猿人的约成一直线，两外侧端也稍向后弯曲，但又比一般尼安德特人的直，介于猿人与尼安德特人之间，与爪哇发现的梭罗人较为相近。马坝人眉嵴之后的额骨部分明显收缩，类似猿人。

第二，马坝人的眼眶约呈圆弧形，与一般的尼安德特人相似，而与猿人的平直眼眶缘不同。在眼眶上缘的内侧缘，投有额切迹，也不同于猿人，而与尼安德特人相似。

第三，马坝人的鼻骨也和猿人及尼安德特人相似，远比现代人的宽阔。鼻额缝则与中国猿人、梭罗人、罗迪西亚人等相似，约位于同一水平。而欧洲发现的典型尼安德特人的鼻额缝，则多上凸而成拱形。

第四，马坝人顶骨在前囟点处的厚度为 7 毫米，小于中国猿人和梭罗人，而与尼安德特人相似。前囟点的位置也远较现代人后。

第五，马坝人额窦远较中国猿人和梭罗人大，其不仅限于眉嵴眉间部，且更向外侧延展到眉嵴的眶上部。

第六，马坝人额骨和顶骨的弦弧指数都介于中国猿人和现代人之间。

第七，根据马坝人复原头骨的正中矢状切面外轮廓的颅盖高指数、前囟位指数、前囟角与额角，其数值多在尼安德特人的范围之内。

具体见表 1－2：

表1-2　马坝人与其他古人类头骨化石比较

	爪哇猿人	中国猿人	马坝人	现代人
地质年代	距今180万—100万年	距今70万—20万年	距今13.5万—12.95万年	距今4万年
眉嵴	眉嵴呈屋檐状	头骨眉嵴前缘约成一直线，两个粗大的眉骨连在一起，像屋檐一样遮在双眼上	眉间向前突出，眉嵴粗厚，向前和向两侧突出。眉嵴的弯度介于猿人和尼安德特人之间。眉嵴粗厚，眶后部位明显收缩，额骨比顶骨长，眉嵴之后的额骨部分明显收缩	眉嵴薄平
平均脑容量（毫升）	900	1 075	1 225	1 500
眼眶	眉嵴粗大，眼眶上缘较平直	眶缘略呈弧形	眼眶上缘为圆弧形，在眼眶上缘的内侧缘，投有额切迹	眼眶无明显骨秃
鼻骨	宽阔	宽阔	比较宽阔	比较狭窄
面部特征	前额低平，眉骨粗壮，颌部向前突出，颏部后缩；颧骨高突，没有明显下颌	前额低平向后倾斜，眉嵴骨粗壮，颧骨高突，嘴部前伸，下颌不明显	眉嵴发达，前额倾斜，鼻部肩宽，颌部前突	前额平滑饱满，颧骨不突出，嘴部平整，下颌明显

中华人民共和国成立后，华中、西南、华南地区发现了一些人类化石，如湖北的长阳人化石、四川的资阳人化石、广西来宾的麒麟山人化石和柳州的柳江人化石等，其中也包括马坝人化石。这些发现显

示，远在中更新世之末或晚更新世之初，不仅在我国华北有人类居住，在华南也有原始人类的印迹，扩大了我国旧石器时代古人类的分布范围。

（三）马坝人死亡的原因

马坝人头骨化石被发现时，已碎成数块，计有额骨、顶骨的一部分和右眼眶、鼻子的大部分，头骨可能属于一中年男性。位于马坝人头骨化石右侧额骨的痕迹呈半圆形，大小约 30 平方毫米，整个痕迹下凹 1.5 毫米，表面粗糙，呈现波纹状隆起的细脊。痕迹对应的颅骨内面呈凸出状，在痕迹周边可见有明显的伤后愈合迹象。与相关标本和数据对比表明，马坝人头骨的痕迹与骨膜炎、骨结核、骨肿瘤、烧伤等明显不同，而符合局部受到钝性物体打击的表现。

研究发现，造成伤害的钝器可能是石头、较重的骨头或木块。借助于现代法医学检测手段以及其他证据，马坝人头骨受伤痕迹显示，摔倒导致的可能性很小，被人击伤的可能性极高。被钝器击中导致出血和脑震荡，可能出现反胃恶心、呕吐等症状，甚至可能出现脑损伤。从头骨化石可以看出，马坝人头部的伤口有愈合的痕迹，说明他可能在受伤后得到了他人的照料。遗骸分析结果证明，尽管遭受重伤，马坝人还是一直活到 40 多岁，对于史前人类来说已经算长寿了。该化石提供了东亚地区中更新世晚期人类受到暴力损伤后长时间存活的证据。此外，愈合痕迹也揭示出古代祖先懂得照顾伤者的温情一面。

迄今为止，在世界范围内已经发现许多具有损伤及愈合痕迹的古人类化石，但其中由人类之间暴力导致的古人类化石证据尚不多见。马坝人头骨化石上的损伤痕迹也是东亚早期古人类存在暴力行为的证据之一。

关于马坝人死亡的原因还有一种说法。与马坝人生活在同一时代的古人已经有了原始的丧葬习俗，古人习惯把鲜花和死者生前用过的石制工具安放在死者的身旁，以寄托对死者的无限哀思。但是考古人员并没有在头骨的周围发现石制工具和鲜花的痕迹，马坝人死后其头骨被埋葬在裂隙中的可能性被排除了，况且它是从狭窄裂隙中发掘出的，这就引出了另一种推测。部分研究者发现马坝人头骨的外表面有动物啃咬的痕迹，复原后的马坝人头骨的左眉骨及其上方额骨有齿伤的痕迹，似乎是被某种动物咬过，加上狮子岩洞中发掘出了大量的野

猪、老虎、犀牛、黑熊等动物化石，既然这里不是墓葬，那么马坝人头骨又是如何进入洞里，然后被丢弃在缝隙中的？可能的一种结论是：马坝人死后是被食肉猛兽拖进洞里，随后头颅被遗弃在缝隙内。

四、马坝人与尼安德特人的关系

在德国莱茵河的一条支流杜塞尔河的河畔有一个叫尼安德特谷的峡谷。1856 年，科学家在这里的一个洞穴中发现了一个人的头骨、肋骨、肢骨和部分盆骨，将其称为"尼安德特人"（简称"尼人"）。尼安德特人生存的时期距今约 10 万—4 万年，除了某些较原始的特征外，基本与现代智人相同。

1975 年，美国古人类学家威廉·豪厄尔斯（William W. Howells）来中国访问，在观察了马坝人的头骨化石后就说："如果此头骨 1950 年发现于欧洲，会被称作'典型'尼人。"科学家对马坝人头骨化石进行测量后发现，马坝人的一些特征的确与尼安德特人比较近似。马坝人与尼安德特人头骨化石相似的地方在于，一是眉嵴厚度和形状相接近，二是马坝人眼眶与中国的许多古人类化石不同，却与尼安德特人较相似，眶间宽也与尼安德特人相近，于是有马坝人可能来自欧洲的说法。

20 世纪 80 年代，美国遗传学会公布了新的理论，该理论根据分子生物学 DNA 的检测结果，提出人类起源于非洲，然后才逐渐分布到世界各地的说法。他们认为大约 10 万年以前来自非洲的移民取代了欧洲大陆的尼安德特人，大约 6 万年以前这些欧洲大陆的移民走到了中国，并完全取代了中国本土的古人类，马坝人与尼安德特人可能来自同一祖先，经过多次迁徙和融合最终演化成本地的古老型人类。这种理论推测曾经在 20 世纪后期甚嚣尘上。

进一步研究发现，马坝人与尼安德特人两者头骨化石的差异，最少表现在四个方面：马坝人的颧骨额蝶突的前外侧面更朝向前方，而尼安德特人颧骨额蝶突的前外侧面则朝向外侧；马坝人的鼻骨侧面角度比尼安德特人的更大，故马坝人的面部较尼安德特人更加扁平；马坝人头骨的额鼻缝和额上颌缝与北京人相同，而与尼安德特人不同；马坝人头骨的最宽处的位置在中部稍后处，而尼安德特人的最宽处的

位置侧偏于后方。

　　吴汝康在《古人类学》一书中，在肯定马坝人眉嵴后方的额骨部分"类似猿人"，马坝人头骨厚度、眼眶上缘和头骨高度、额倾斜度分别与尼安德特人"相近、相似或在尼安德特人的范围之内"的同时，指出马坝人与尼安德特人又有"明显的不同"①。1998年，中国科学院古脊椎动物与古人类研究所院士吴新智提出了中国人进化的"连续进化附带杂交"假说，认为自从100多万年前东非直立人进入中国后，中国的古人类就是连续进化的，同时附带了少量与境外人群的杂交。② 马坝人保留了中国古人类的一些共同特征，同时还有个别特征与尼安德特人相似，与欧洲古人类之间在进化过程中可能有过基因交流，所以这个基因很可能就是从欧洲过来的。中国的人类进化主要是连续的进化，在进化过程中，附带与其他地区有杂交，这就是"连续进化附带杂交"假说。中山大学教授、岭南考古研究中心主任张镇洪形象地说，人类的老祖宗其实只有一个，不管白种人、黄种人还是黑种人最初都来自一个祖先，世界上的所有民族都是一家亲，只是祖先在不同的自然环境中才在各自的发展过程中体现出不同的差异，人类之间有着共同的基因，这也就是为什么白种人、黄种人、黑种人之间可以通婚、生儿育女。马坝人之所以有欧洲人的特征，是因为接受了西方古人类的遗传物质交流。

　　总的来说，马坝人还是更具中国古人类的许多共同特征，与欧洲的古人类在形态上有着明显的不同，马坝人是中国古人类一脉相承的进化链上的一环。

五、马坝人时期的生态环境

　　对于马坝人时期的生态环境，宋方义、张镇洪在《马坝人伴生动物群的研究》中分析了马坝人伴生动物多数适应潮湿温热环境及其林栖性、广栖性等特点的基础上，推论当时全球性的降温虽已出现，但地处粤北山区中部低纬度的马坝地区，仍然温暖湿润，四季分明，周围有茂盛的森林和广阔的水域，对人类的生存、发展仍然是非常适宜

　　① 吴汝康. 古人类学［M］. 北京：文物出版社，1989.
　　② 吴新智. 从中国晚期智人颅牙特征看中国现代人起源［J］. 人类学学报，1998（4）.

的环境，并由此判断马坝动物群是代表中更新世晚期之末的动物群。[①]
吴汝康在《古人类学》中也说："与（马坝人）头骨化石伴生的动物化石都是华南更新世洞穴堆积中常见的大熊猫—剑齿象动物群的一些种类，表明当时的气候潮湿而温暖。"[②]

（一）马坝人遗址今天的地貌同马坝人时期的地貌有相当大的一致性

在 13 万—11.9 万年前新生代第四纪更新世至全新世时，即在旧石器时代中后期时，马坝地区所处的地带以构造上升运动为主，其剥蚀作用大于堆积作用，故第四纪沉积厚度不大。由于地壳活动基本稳定，又未发现大型的河湖沉积，现在狮子岩附近的地貌情况同马坝人生存时期无根本性差异，只是河流相沉积面积较大，这表明当时河流水量要大于今天的流量，马坝人就是在这样一个起伏不大的丘陵地区进行狩猎、采集活动的。属于中国早期智人的马坝人，在这里繁衍生息，以采集、捕鱼、狩猎等方式为生，同自然界做着艰苦的斗争。

（二）史前气候变冷对马坝人遗址周边的气候影响并不巨大

马坝人生存于中更新世末和晚更新世初，此时我国正处于庐山冰期与大理冰期的间冰期阶段。在这个间冰期中，我国东南部气候总体是向着干旱寒冷变化的，马坝人正是生活在由热转冷的环境中。其伴生动物群里存在不少华南地区大熊猫—剑齿象动物群的成员，也有部分喜干冷的动物存在。[③] 科学家发现在距今约 16 万年前曾有一次气候变冷的过程，寒冷使北方的动物群南迁，加入华南地区大熊猫—剑齿象动物群中。较马坝动物群时代稍早的罗坑动物群的组合，正好反映了这一时期的情况。再结合今天马坝地区的动物构成，可以推断在马坝动物群存在的初期，气候较今天凉爽，在这以后，气候逐渐向湿热发展，出现了犀牛等物种。

然而，由于纬度低，降温对气候造成的影响并不巨大，这可从以下例子得到证明：①早于马坝人的安徽和县人，生活在中更新世的一个寒冷期，其伴生动物群有不少北方动物。但尽管和县人生活的时代

---

① 宋方义，张镇洪.马坝人伴生动物群的研究［M］//广东省博物馆，曲江县博物馆.纪念马坝人化石发现卅周年文集.北京：文物出版社，1988.
② 吴汝康.古人类学［M］.北京：文物出版社，1989.
③ 兰生.我国晚更新世最后冰期气候复原［J］.北京师范大学学报，1980（1）.

021

相当于海洋的第八阶段（距今约 28 万—24 万年），正值庐山冰期阶段，当时的气候并未改变很多，而是与今天华北南部的气候相类似，并且较为湿润。① ②距今 1.5 万年的晚更新世最盛冰期（即大理冰期），是一次规模大、对中国东部影响强烈的冰期。当时，我国东部海平面比今天低 110～130 米直至 150～160 米，陆地一直伸展到今天的大陆架转折线位置，南海海盆面积缩小、变浅，与大洋间的水热交换被限制，黑潮对我国东部气候的影响明显减少，陆上冰冻土的南界伸至北纬 43°以南。但即使在这样的大冰期，我国七月温度也并不低，大部分地区的温度大致相当于现在五月中旬的情况。马坝人生存时期，气温不会比大理冰期时下降得更厉害，该地区仍属于亚热带气候区，气温、降水等因素与今天相似。

马坝人遗址附近的地区，今天的地貌为喀斯特残峰林加红色风化土丘陵，这表明该地区的地质活动在进入第四纪之后并不剧烈。上新世时，华中、华南地区同第三纪时干热的情况相反，气候变得很湿润，生长了热带、亚热带植被，在两广地区形成了最高一级溶洞，狮子岩的第四层溶洞也是在这一时期形成的。之后，大的地质活动仅有间歇性的地面抬升，因此风化作用就成为影响当地地貌情况的主要因素。马坝人遗址附近的地区长期未发生剧烈构造运动，使今天的地貌同马坝人时期的地貌有相当大的一致性。从溶洞的分层布局及其与周围阶地发育的对应性中，可以复原马坝人时期的地面高度大致相当于今天第二层溶洞的层位。从今天狮子岩北面分布的大量河流冲积物来看，当时这一带的水域面积较大，这从马坝人伴生动物群中蚌、鱼类化石的存在可以得到佐证。此外，一些因风化作用形成的微地貌（比如坡积裙等的分布），古今也有差异。不过，该地区总体地貌轮廓古今是基本一致的，马坝人就是在这样的一个有着较大水域和起伏平缓的丘陵地区栖息繁衍的。

（三）马坝人时期该地区植被丰富，植物构成有从亚热带向热带过渡的特色

由于至今未对马坝遗址进行植物孢粉分析，我们对马坝人生活时期的植被情况尚不能进行准确的复原。不过，通过对气候的复原、古

---

① 张林潍. 青藏高原上升对我国第四纪环境演变的影响［J］. 兰州大学学报，1981（3）.

动物群的研究，以及今天当地植被情况的了解和邻区地点孢粉分析的结果，我们可以对马坝人时期的植被进行推测。今天，马坝地区按植物区系分区，属于中国—日本森林植物亚区（Ⅲ区）。这是一个种类丰富而又相当古老的温带至亚热带植物区系，不仅植物的水平分带性明显，而且保留有许多第三纪甚至更古老的残遗植物。马坝地区位于该亚区的南部，植物有从亚热带向热带过渡的特色，以樟科、壳斗科、山茶科、木兰科、金缕梅科等常绿阔叶林为主。这样的植被，反映了该地区是典型的亚热带季风性湿润气候。由于马坝人时期的气候同今天相近，这些植被在当时可能也分布在这里。

马坝人伴生动物群的组成也反映了当时的气候状况：

首先，在这个动物群中，除了有大量的食肉动物外，还有一些食草类动物，如赤麂、山羊、水鹿、水牛、象等，它们的存在，表明当时的植被比今天繁茂。猕猴、猩猩等动物的存在，间接反映出存在过喜湿热的植被。大熊猫的存在，表明当时有竹林分布。

其次，马坝动物群中，有不少是林栖性动物，如猕猴、猩猩、象、犀、貘等，它们分布于森林多水地带。这些动物种类的存在，反映出当时水源充足、植物茂盛。

最后，食草类动物是食肉类动物的食物来源，马坝人伴生动物群中食肉类动物较多，表明当时食草类动物的数量同样较大，这也可显示出当时植被的丰富。[1] 在第四纪时期，中国东部曾出现几次大的冰期。虽然在华南低纬度地区未直接遭受冰川的覆盖，但冰期带来的气候变冷却强烈地影响着低纬度地区生物种类的分布。据对较马坝偏北的广西桂林甑皮岩洞穴遗址第四纪孢粉进行的分析表明，大理冰期时的降温，对当地植物的构成起了很大的影响，适应较冷环境的针叶树大量出现，而且还出现一些喜凉的油杉属、铁杉属及桦科植物，甚至还有少量的云杉属、冷杉属。[2] 但冷潮气候南侵到低纬度地区的强度和范围是有限的，我国南方大量的孑遗植物被保存下来，就说明了这一点。据对广西桂林和六塘地区的黏土砾石层孢粉分析的结果，证明更新世时期这一地区一直处于热带、亚热带森林环境下，气候虽有波动，但变化幅度仍在热带、亚热带气候范围之内。马坝人时期的波动

① 裴文中. 中国原始人类的生活环境［J］. 古脊椎动物与古人类，1960（1）.
② 刘昌芝. 粤北第四纪哺乳动物化石调查简报［J］. 古脊椎动物与古人类，1962（2）.

性降温虽比甑皮岩在最后一次冰期时的降温幅度要小得多，但不排除这一区域当时也存在喜凉性针叶树种的可能性。

经以上分析，可以推断出马坝人生活环境里的植被组成以亚热带种属为主，也有一些热带种类分布。此外，在气候变动的时期里，一些喜凉的植物也在这一带生存发展。多样性的植物品系，为动物群提供了良好的栖息条件，也保障了马坝人的生存和进化。

六、马坝人时期的伴生动物

（一）曲江马坝出土的伴生动物化石

据宋方义、张镇洪等专家学者的研究鉴定，马坝人伴生动物群共有 8 目 38 个种属，其中哺乳类动物共有 6 目 27 种，此外的种属分属于爬行类和腹足类。[①] 动物总是在特定的气候和环境中生活，因此气候和环境的变动必然导致动物种类的变化，加上动物种属受进化和优胜劣败规律的作用，常常可以在动物群组合上表现出很强的时代性。哺乳类作为动物群的主体，其构成具有代表性。[②]

（1）依据哺乳动物化石所处的时代可对马坝动物群进行以下四种类群划分（表 1 - 3）：

表 1 - 3　按所处时代划分的马坝动物群

所处的时代	哺乳动物类群
中更新世	丁氏鼻猴、爪哇豺古老变种、宽吻灵猫期望亚种、东方剑齿象、华南巨貘等
中更新世至晚更新世 （马坝人生活时期）	大熊猫洞穴亚种、最后斑鬣狗等
整个更新世	猩猩、西藏黑熊、花面狸、中国犀等
生存至现代	黑鼠、猪獾、虎、水鹿、赤麂等

从以上划分可以看出，与马坝人同时期的哺乳动物群以中更新世和晚更新世的种类为主体，现生种所占比例较高，无第三纪残留种，

①　宋方义，张镇洪．马坝人伴生动物群的研究［M］//广东省博物馆，曲江县博物馆．纪念马坝人化石发现卅周年文集．北京：文物出版社，1988.

②　谭斌．马坝人生境再研究［J］．农业考古，2000（1）．

因此，该动物群生存时代应在中更新世或晚更新世。一些学者将马坝动物群划归于晚更新世，其理由是有早期智人化石的存在。但旧石器时代距今已相当久远，生物化石，特别是人类遗骨难以在每一处地点都保存下来，仅以是否存在早期智人化石作为划分中更新世、晚更新世的标志似乎不够全面，尚需进一步研究。由于马坝动物群中绝灭种的比例较大（大于 55.5%），属于中更新世的不含智人化石的盐井沟和观音洞这两个动物群中绝灭种的比例也不过分别为 57.4% 和 57.1%，[①] 马坝动物群与其差距甚小，可以判断，马坝动物群所属的时代可能稍晚于盐井沟和观音洞动物群，相当于中更新世末期。研究人员对马坝人遗址四件标本的年代测定，显示马坝人生活的时代介于距今 16.9 万 ±1.8 万年和 12.9 万 ±1.1 万年之间，且更接近后者。这也证明了依据动物群分析进行的断代是正确的。

（2）依据动物对气候条件的适应性原则，可以对马坝动物群进行以下类群划分（表 1 - 4）：

表 1 - 4　按对气候条件的适应性划分的马坝动物群

适应的气候条件	哺乳动物类群
温带气候型	黑鼠、纳玛象、赤鹿等
热带、亚热带气候型	丁氏鼻猴、猩猩、华南豪猪、爪哇豺古老变种、西藏黑熊、猪獾、宽吻灵猫期望亚种、最后斑鬣狗、东方剑齿象、华南巨貘、中国犀、水鹿、水牛等
广泛适应	虎、野猪等

从以上划分可以看出，该动物群以亚热带种属居多，热带种属次之，也有少量的温带种属。其中的热带、亚热带种属数量优势明显，属于典型的华南地区大熊猫—剑齿象动物群。[②] 哺乳类动物的地理分布同地球上气候带的分布紧密相连，在对第四纪古环境进行研究时，哺乳类动物化石往往被用作了解更新世气候变化的依据。热带动物种

① 宋方义，张镇洪. 马坝人伴生动物群的研究 ［M］//广东省博物馆，曲江县博物馆. 纪念马坝人化石发现卅周年文集. 北京：文物出版社，1988.
② 计宏祥. 中国南方第四纪哺乳动物群所反映的自然环境变迁 ［J］. 古脊椎动物与古人类，1982（2）.

属出现于北纬24°以北的马坝地区，表明当时这里气候湿热。而一些温带种属动物的出现说明：一是当时北方气候寒冷，动物被迫南迁；二是马坝地区当时具备适于温带种属动物生存的温和环境。马坝动物群的生存时代似乎延续了一个相当长的时期，其同气候的波动导致了南北动物种属的混杂。

（3）按马坝动物群中各种属的生态习性划分，该动物群属喜热喜湿种类为主体的林栖性动物群（表1-5）：

表1-5　按生态习性划分马坝动物群

生态习性	动物类群
丛林	猕猴、丁氏鼻猴、猩猩、麂、虎、豪猪、灵猫等
温湿的森林多水地带	貘、犀、象类
多水	鱼类

但鹿、鬣狗、黑鼠等种属的存在，则显示出这里曾经存在一个温暖干燥的气候期。习性差异大的种属共存于一个动物群中，也从另一方面反映出气候的阶段性变化。

按目前的动物区系对马坝动物群划分，马坝动物群属于东洋界。由于马坝地区处于我国东部季风区的南部，故其在动物地理区划中属华中区东部丘陵平原亚区的南部，靠近华南区的闽广沿海亚区。动物主要分布型是南中国型，相结合的分布型是东南亚热带—亚热带型，其中哺乳类动物主要有穿山甲、大灵猫、扫尾豪猪及广布种中的赤鹿、水鹿、红腹松鼠等，结合爬行类、鸟类等，这一现代动物群被称作亚热带林灌、草地—农田动物群，它们生存于亚热带季风性温润气候之中，处于常绿阔叶林的荫护下。马坝地区1月均温为10℃左右，年平均气温约20℃，按气候区划分属中亚热带江南区，十分适宜动植物的生长发育，加上此地属粤北丘陵地带，复杂的地貌对动物的变异可能产生更大的影响，部分地区还存在动植物的垂直分带。

相应地，离马坝人遗址不远的罗坑动物群，除了有与马坝人伴生的华南地区大熊猫—剑齿象动物群相同的种类之外，还有不少由华北地区南迁的北方种属，这充分表现出气候的变迁给动物群成分带来的明显影响。据研究，罗坑动物群属于中更新世晚期，稍早于马坝动物群所处的时代，在当时全球性冰期普遍降温的影响下，罗坑动物群反

映出一个温暖潮湿的温带生境。[1] 马坝动物群中的喜温成分，表明其生活环境同罗坑动物群的相近似。而喜温热种属的出现，则显示马坝动物群生存时代已开始进入一个暖湿阶段。该阶段气候明显比罗坑动物群生存的时代湿热。从马坝动物群中的豪猪、水鹿等迄今仍在这一区域生存的动物种属来看，马坝人生活时期的气候与今天的差异并不巨大。

综上所述，马坝动物群以亚热带动物种属居多，热带种属次之，也有极少量温带种属。我们能清楚地看出马坝人伴生哺乳动物群中热带亚热带种属的绝对优势，可将其视为典型的华南地区大熊猫—剑齿象动物群。一些今天分布于更低纬度地带的动物（如灵猫、猩猩等），在当时也向北分布。由于动物体表具有一系列的保温和调节温度的结构，尽管哺乳类动物对温度变化的承受和适应能力要比爬行类动物的适应能力强得多，但是哺乳类动物的地理分布同地球上气候带的分布是紧密相关的，对环境的适应仍然只是在一定的限度之内。所以，在对第四纪的地质、生物、古环境进行的研究中，哺乳类动物化石往往被用来作为了解更新世气候变化的标志和依据。

（二）马坝附近地区出土的伴生动物化石

在英德市九龙镇礼堂山的两个山洞里，发现了一个反映热带、亚热带森林型生态环境的动物群化石。礼堂山动物群化石距离九龙镇约2公里，分布在两个山洞里，大者约100平方米，小者约5平方米。两个山洞均在半山腰，距离地面高度约30米，其中的洞穴堆积在发掘前已遭打石工人翻动过。化石层夹于两大钙板层之间的棕黄色亚黏土层之中，堆积厚薄不一，最厚处超过1米，薄处只有0.3米左右，这层堆积的岩性变化很小，基本属同一个时期的堆积物。

1996年，中山大学人类学系教授张镇洪、金志伟和英德市博物馆、市志办的工作人员组成考古队，对该遗址进行抢救性发掘。发现的动物种属有：灵长目的安氏猕猴、丁氏鼻猴、长臂猿；啮齿目的华南豪猪；食肉目的大熊猫洞穴亚种、西藏黑熊、猪獾、虎、云豹、德氏狸、大灵猫、中华貉；长鼻目的东方剑齿象、纳玛象；奇蹄目的华

① 张镇洪等. 广东曲江罗坑动物群初步研究［M］//广东省博物馆，曲江县博物馆. 纪念马坝人化石发现卅周年文集. 北京：文物出版社，1988.

南巨貘、中国犀；偶蹄目的南方野猪、水鹿、赤麂、巨羊、水牛等。其中，部分动物化石如下（图1－12至图1－24）：

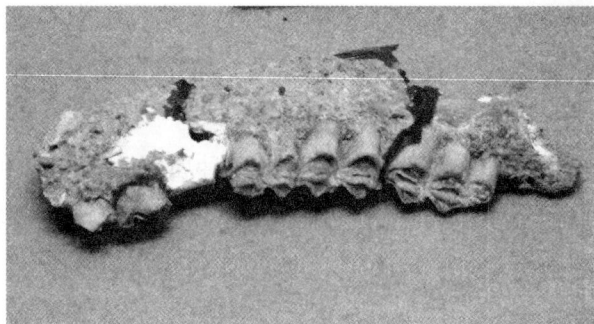

图1－12　山羊下颌骨

图1－13　水牛臼齿

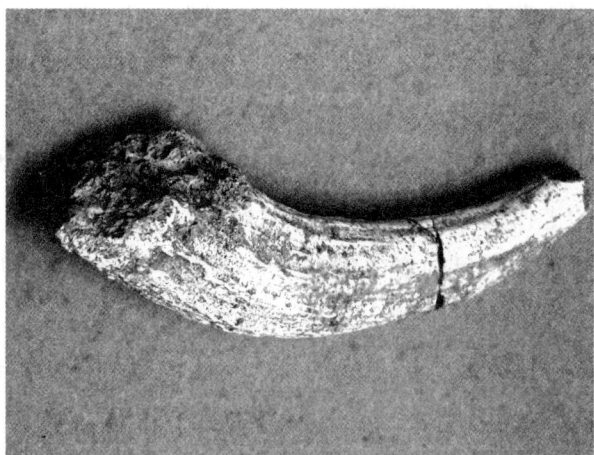

图1－14　羚羊角

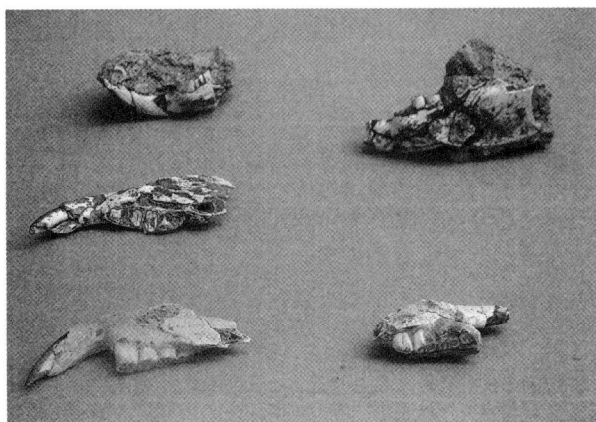

图 1 - 15　豪猪下颌骨

图 1 - 16　野猪的獠牙和臼齿

图 1 - 17　西藏黑熊上裂齿和上臼齿

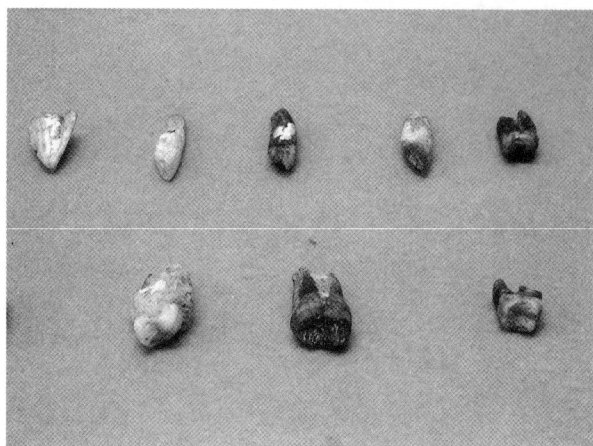

图 1 - 18　猩猩的牙齿

图 1 - 19　云豹犬齿和臼齿

图 1 - 20　最后斑鬣狗上裂齿

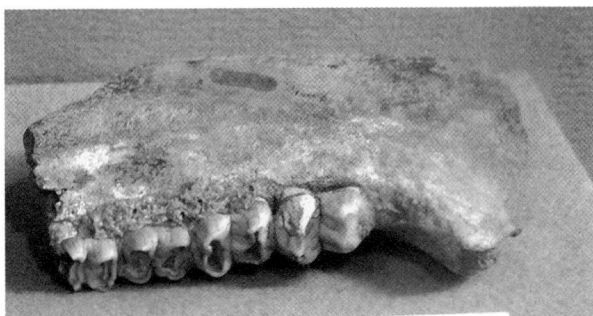

图 1 - 21　华南巨貘下颌骨

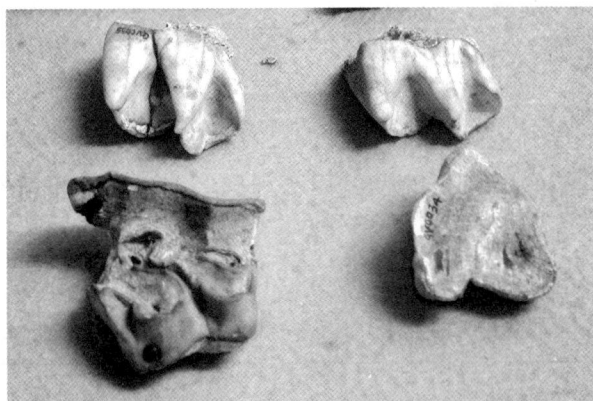

图 1 - 22　中国犀上、下臼齿

图 1 - 23　河螃蟹

图 1 - 24　洞陆龟背甲

　　经初步统计，马坝人遗址及周边地区第四纪更新世部分化石动物群种属有 8 目 47 属 56 种（表 1 - 6）。

表 1 - 6　马坝人遗址及周边地区第四纪更新世部分化石动物群

目	种
灵长目	猕猴（*Macaca sp.*） 安氏猕猴（*Macaca anderssoni*） 丁氏鼻猴（*Rhinopithecus tingianus*） 猩猩（*Pongo sp.*） 猩猩魏氏亚种（*Pongopygmaeus weidenreichi*） 长臂猿（*Hy 如 bmes sp.*）
兔形目	野兔（*Lepus sp.*）
啮齿目	黑鼠（*Rattus rattus*） 褐家鼠（*Rattus norvegieus*） 拟布氏田鼠（*Microtus brandtioides*） 小巢鼠（*Micromys cf. M/nutus*） 小家鼠（*Mus musculus*） 姬鼠（*Apodenms sp.*） 豪猪（*Hystrix sp.*） 华南豪猪（*Hystrix subcristata*） 竹鼠（*Rhizomys sp.*）

（续上表）

目	种
长鼻目	东方剑齿象（*Stegodon orientalis*） 纳玛象（*Palaeoloxadon namadicus*）
食肉目	爪哇豺古老变种（*Cuon davanicus*） 古爪哇豺（*Cuonjavmlcwantiquus*） 大熊猫洞穴亚种（*Ailuropoda melanoleucafovealis*） 西藏黑熊（*Ursus thibetanus*） 猪獾（*Arctonyx collaris*） 獾（*Meles sp.*） 突吻沙獾（*Arctonyx rostratus*） 花面狸（*Paguma larvala*） 犬（*Canis sp.*） 果子狸（*Paguma.*） 宽吻灵猫期望亚种（*Viverrra zibetha expectata*） 灵猫（*Viverra sp.*） 大灵猫（*Hyena zibetha expectata*）
食肉目	水獭（*Lutra sp.*） 最后斑鬣狗（*Crocuta Mama*） 中华缟鬣狗（*Hyaena sinensis*） 鬣狗（*Hyaena sp.*） 猫（*Fells sp*） 狐（*Vulpes sp.*） 虎（*Panthera ef. tigris*） 猎豹（*Acinonyx sp.*）
奇蹄目	华南巨貘（*Megatapirus augustus*） 貘（*Tapirus sp.*） 中国犀（*Rhinoceros sinensis*） 犀（*Rhinocems sp.*）

目	种
偶蹄目	野猪（*Sus scrofa*） 南方野猪（*Sus australis*） 赤麂（*Muntiacus muntiak*） 麂（*Muntiacus s.*） 水鹿（*Cervus R. nricolor*） 斑鹿（*Pseudaxis sp.*） 獐（*Hydropotes sp.*） 山羊亚科（*Capdnae indet*） 羊（*Ovis sp.*） 鬣羚（*Capricornis sp.*） 野猪（*Sus scrofa*） 水牛（*Bubalus sp.*） 野牛（*Bison sp.*）

　　位于河源市东源县上莞镇五石山东坡山腰处的必寿洞，距东源县城区约60公里，从洞口内向南40~80米处，是较宽敞的洞厅，在洞厅尽头的南壁也发现了含有动物化石的堆积。对河源市东源县上莞镇必寿洞南壁的堆积剖面进行观察，自上而下可分为四层：第一层为灰褐色黏土，较松软，夹杂有石灰岩角砾及河砾石，厚0.2~0.4米；第二层为黄色砂质黏土，胶结较硬，厚0.8~1.2米；第三层为棕红色粉质黏土，胶结坚硬，厚7~15米，含古脊椎动物化石；第四层为紫红色黏土，质地较纯，坚硬。

　　在棕红色粉质黏土层的上、下部均可见古脊椎动物化石的骨骼碎块和牙齿个体。经初步观察，必寿洞动物群的种属有6目12属12种（表1-7）。

表1-7　东源县上莞镇五石山必寿洞化石动物群

目	种
灵长目	猕猴（*Macaca sp.*）
长鼻目	东方剑齿象（*Stegodon orientalis*）

目	种
啮齿目	豪猪（*Hystrix sp.*）
食肉目	犬（*Canis sp.*） 大熊猫洞穴亚种（*Ailuropoda melanoleucafovealis*） 最后斑鬣狗（*Crocuta ultima*） 华南虎（*Panthera ef. tigris*）
奇蹄目	华南巨貘（*Megatapirus augustus*） 中国犀（*Rhinoceros sinensis*）
偶蹄目	野猪（*Sus scrofa*） 鹿（*Cervus sp.*） 水牛（*Bubalus sp.*）

上列种属中，东方剑齿象、大熊猫洞穴亚种、最后斑鬣狗、华南巨貘、中国犀为绝灭种，其余为现生种。对比广东境内的其他化石动物群如马坝动物群、曲江桂龙岩动物群、封开黄岩洞动物群、英德牛栏洞动物群，可以认定，必寿洞动物群属于华南地区大熊猫—剑齿象动物群的范畴内，而大熊猫—剑齿象动物群的生存年代为中更新世至晚更新世。必寿洞动物群的绝灭种占58.5%，高于马坝动物群的55.5%，说明当时华北地区动物群大批南迁，其地质时代在中更新世晚期，略早于马坝动物群（中更新世末期至晚更新世初期）。必寿洞动物群是河源地区发现的第二处第四纪化石动物群地点，其东面的梅州也曾发现一处第四纪化石动物群地点，它们代表了粤东北地区更新世时期的化石动物群。必寿洞动物群的堆积为棕红色粉质黏土层，这与马坝动物群的堆积非常接近。

必寿洞动物群的成员成分介于马坝动物群与英德牛栏洞动物群之间，与马坝动物群及封开黄岩洞动物群较为接近，其地质时代亦应相当或相近。它们属于广义的大熊猫—剑齿象动物群，可能反映了这一动物群自西向东迁徙、演变的进程。也为在粤东北地区寻找古人类化石遗骸提供了重要线索。

由此我们认为，必寿洞动物群的年代与马坝动物群相当，地质年

代为中更新世末期至晚更新世早期。且据马坝人化石地点测年报告显示，马坝人化石的年龄有可能前推至距今23万年。这个年代数据与马坝人化石处于早期智人较早阶段的形态特征更相吻合。必寿洞动物群正好处在华南地区东西连接的链条上，对于探讨华南地区大熊猫—东方剑齿象动物群自西向东的发展及其轨迹具有相当重要的价值。此外，河源地区的灯塔一带及龙川县老隆东江河二级、三级阶地还发现一些零星分布的砾石打制石器，其年代未被进一步确认。据相关研究，三级阶地的年代为距今55万—28万年，二级阶地的年代为距今22万—9万年。其中二级阶地的年代与必寿洞动物群的年代大致吻合，为在河源地区探寻旧石器文化遗存增强了希望，由此可见，必寿洞动物群的发现是探索该地区第四纪古人类生存环境的重要资料。

对东邻广东省的福建省的更新世哺乳动物群进行比较分析，可以对马坝动物群有更多的认识。福建省三明市万寿岩灵峰洞动物群以小哺乳动物为主，包括蝙蝠类、啮齿类，其他有鼬、中国犀、巨貘、牛。其生存的时期与马坝动物群相当。但由于动物种属较少，两者的可比性较差。而具有更好可比性的动物群应为三明市万寿岩龙井洞动物群，其种类众多，主要成员有大熊猫、黑熊、最后斑鬣狗、东方剑齿象、巨貘、虎、中国犀、鹿、水牛等。龙井洞动物群生活的年代据测算距今13万—10万年之间。与马坝动物群相比较，两者的动物群种类与年代判断都十分接近。

截至2020年，在马坝人遗址及周边的曲江罗坑桂龙岩、英德牛栏洞、英德九龙礼堂山、河源必寿洞、肇庆封开黄岩洞发现的第四纪更新世化石动物群主要有：灵长目的猕猴、安氏猕猴、丁氏鼻猴、猩猩、猩猩魏氏亚种、长臂猿；兔形目的野兔；啮齿目的黑鼠、褐家鼠、拟布氏田鼠、小巢鼠、小家鼠、姬鼠、豪猪、华南豪猪、竹鼠；食肉目的爪哇豺古老变种、古爪哇豺、大熊猫洞穴亚种、西藏黑熊、猪獾、獾、突吻沙獾、花面狸、犬、果子狸、宽吻灵猫期望亚种、灵猫、大灵猫、水獭、最后斑鬣狗、中华缟鬣狗、鬣狗、猫、狐、虎、猎豹；长鼻目的东方剑齿象、纳玛象；奇蹄目的华南巨貘、貘、中国犀、犀；偶蹄目的野猪、南方野猪、赤麂、麂、水鹿、斑鹿、獐、山羊亚科、羊、鬣羚、水牛、野牛，等等。

研究专家对以上马坝人遗址及周边发现的第四纪更新世化石动物

组成进行了研究分析，认为大部分种属均为华南地区大熊猫—剑齿象动物群的主要种属，而且绝灭属占比较大，喜冷性种属较少，林栖性动物占主要地位。由此推测可知这是一个反映热带、亚热带森林型生态环境的动物群，其生存年代不会晚于大理冰期，大致处于庐山大理间冰期时期。它与广东境内的马坝动物群、封开垌中岩动物群、曲江罗坑桂龙岩动物群、罗定下山儿洞动物群都比较接近，为研究广东乃至岭南地区第四纪动物群的系统演化关系提供了新材料，具有极为重要的意义。

为何在这些洞穴内发现了这么多化石动物群？这些动物当时遭遇了何种力量的逼迫？在漫长的历史长河中，动物经历了多少自然和非自然的演化？这些疑问有待进一步的研究来揭开谜底。

七、马坝人与周边地域古人类的关系

在马坝人头骨化石发现之前，"华南地区尤其是岭南地区，在远古时期是没有人类活动的蛮荒之地"的观点曾经长期存在，中华人民共和国成立以来，尤其是 20 世纪下半叶越来越多的考古发现，考古学界逐渐认识到珠江流域是我国境内最早有人类居住的地区之一，原始文化也比较发达，是我国文明发祥的四大区域之一。

远古时代的珠江流域气候温暖、雨量充沛、植物繁茂，适宜人类生息。珠江发源于云南高原，在云南高原珠江源头同一纬度的元谋县考古发现的距今约 170 万年的元谋人化石，这是西南和华南地区所发现的最早的古人类化石。珠江流域的云南、广西、广东地区都发现了在此时间之后的旧石器时代人类活动遗迹：

1958 年，在北江流域的粤北韶关曲江马坝狮子山石灰岩洞中发现的马坝人头骨化石，距今约 13 万年，属于旧石器中期。马坝人具有黄种人的一些重要特征，是黄色人种的先祖之一。

1964 年，在肇庆市封开县黄岩洞发现距今 11.9 万 ± 0.02 万年的两个人颅骨化石和上千件石制品，这为古人类学家贾兰坡所提出的"两广地带是远古人类东移的必经之路"的论断提供了重要的证据。

1978 年，在肇庆市封开县垌中岩发现一枚人类牙齿化石以及一些第四纪哺乳动物化石。垌中岩人牙化石具有与马坝人相同的特征，据

铀系测年法测定其共存动物群的年代距今 14.8 万 ± 1.3 万年。峒中岩人也是黄色人种原祖之一。封开发育有奇特壮丽的石灰岩岩溶洞穴，是远古人类穴居野处的适宜场所。

1992 年，在肇庆市封开县罗沙岩发现旧石器遗址是在广东首次清理出有连续地层堆积的旧石器时代文化遗存。发掘出 4 颗人牙化石和一批石制品，据铀系测年法测定，二者距今分别为 2.24 万 ± 0.16 万年和 7.9 万 ± 1.5 万年。这一发现填补了广东乃至整个岭南地区从距今 10 万—2 万年间史前文化的空白，建立了这一时期的文化系列。

1996 年，在北江中游的清远市英德县（今英德市）牛栏洞遗址，发掘获得一批打制石器，并出土人类遗骸，其形态特征属于旧石器时代的晚期智人。此外，清远市英德县的宝晶宫溶洞发现的 14 件打制石器、清远市英德县沙口清溪小狗山河岸发现的以河卵石为原料的砾石制品，其年代可能在距今 10 万年以前，属旧石器时代中期，与马坝人化石同期或更早。

2002 年，在珠江上游干流之一的右江流域广西百色盆地的田东县百渡村发掘了百渡遗址，在距离右江 1.5 公里的山包上发掘出旧石器时代文化遗存，年代距今约 80 万年。

在北江与西江的中游发现一系列旧石器时代洞穴遗址（图 1-25），证实了远古人类的东移路线正是沿着珠江一线进行的。著名地质学家贾兰坡曾提议，广东的旧石器除在石灰岩洞穴调查外，还应到古河流阶地去寻找。对此，20 世纪 90 年代，曾祥旺在粤中、粤东的古河流阶地进行了大范围的踏查，在广州东部的黄埔、番禺、增城以及深圳、三水、从化、河源、龙川等地发现了一批旧石器制品，多篇调查文章指出："早在距今 55 万—28 万年，广东境内珠江流域的东江、北江和流溪河流域的部分地区就有人类活动了。到距今 22 万—15 万年，古人类活动范围已扩展到珠江三角洲及部分沿海地区。"[①] 不过对这一研究成果，目前在学术界还有不同认识。

---

① 曾祥旺. 广东珠江流域古河流阶地发现的旧石器遗存［M］//广东省博物馆. 广东省博物馆集刊 1996. 广州：广东人民出版社，1997.

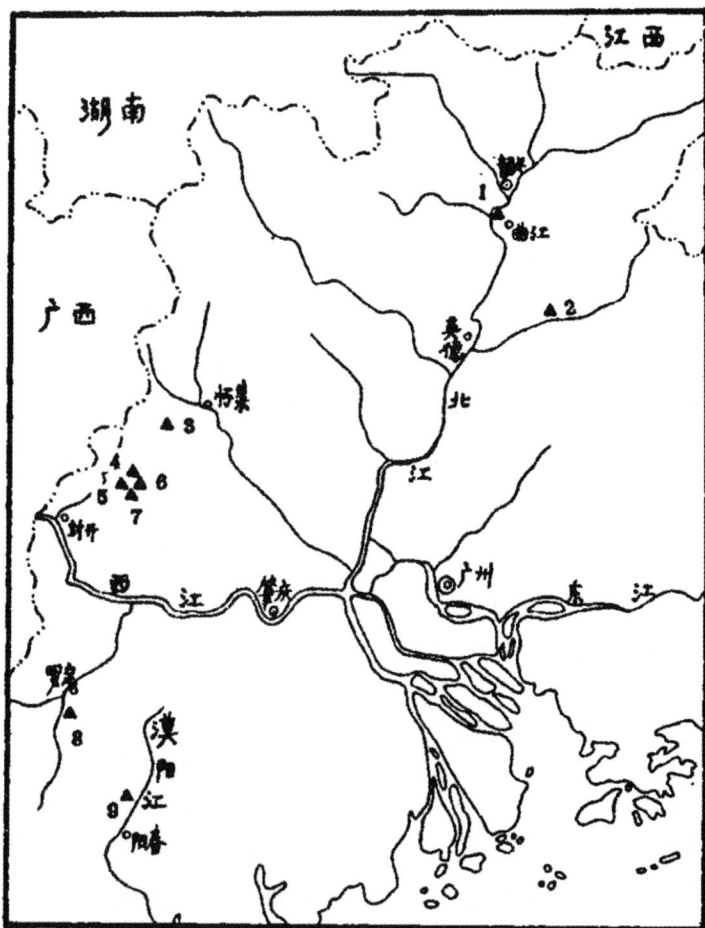

1.马坝狮子岩　　2.青塘朱屋岩　　3.大沙岩
4.罗髻岩　5.乞丐岩　6.罗沙岩　7.黄岩洞
8.饭甑山岩　9.独石仔

图1－25　广东洞穴文化遗存分布①

旧石器时代已有人类在广东的粤北地区、粤西地区生息活动，这已为考古发现证实和学术界公认，这些遗址都分布在珠江中游流域，而华南地区原始人的迁移路线又是沿着珠江而下的，原始先民的流动性很大，因此不排除旧石器时代古人类在珠江三角洲一带活动的可能性。对此问题的确切结论，我们期盼更多的考古新发现。

---

① 邱立诚. 广东洞穴石器文化考察［J］. 南方文物，1995（3）.

八、马坝人研究的新进展

马坝人头骨化石自被发现，至今已有 60 余年。对马坝人的研究，以 20 世纪 60 年代为起点，可大致分为两个阶段。第一阶段是 1959 年至 1964 年，有关专家和学者在《文物》《中山大学学报》《古脊椎动物与古人类》《南方日报》等报刊，发表了报道和论文 10 余篇，另有著作 1 部，对马坝人的外形特征做了初步鉴定，对其地质年代和发掘意义也作了初步分析。1961 年 10 月，狮子岩被列入广东省文物保护单位。第二阶段是 1976 年至 1988 年，这一时期，《古脊椎动物与古人类》《人类学学报》和几种研究人类起源和新中国考古成就的专著，以及新编的中国通史著作、中国大百科全书《考古学》等专业期刊和著作中，陆续对马坝人的研究做了回顾与总结，并介绍了发掘与研究工作的一些新进展。其中 1978 年出版的《中国古人类论文集》中所收录的吴新智、张银运著《中国古人类综合研究》和原思训等人发表在 1986 年第 2 期《人类学学报》上的《华南若干旧石器时代地点的铀系年代》等几篇论文，对马坝人的断代研究更为详细，也提出了一些新的观点。特别是 1988 年 11 月在马坝镇召开了"纪念马坝人头骨化石发现 30 周年学术讨论会"，会议出版了纪念文集，收录与马坝人研究有关的论文 15 篇（包括存目 1 篇），集中展示了当时研究马坝人的最新成果，开拓了一些新的研究领域，为马坝人研究树立了一个新的里程碑。

然而，由于整个古人类学尤其是人类起源的一些根本性的重大问题至今没有得到很好的解决，新的研究资料与研究矛盾常常相伴而至。加上我国早期智人化石发现的还不多，而马坝人出土洞穴的同层人类文化遗存又几乎空白，这给马坝人的深入研究带来许多困难，所以马坝人的研究远远没有达到人们预想的结果，还有许多未解之谜。

首先，我国学术界对马坝人生活年代的界定，至今仍有不少分歧。对于我国中、晚更新世划分界线的年代，裴文中在 1955 年提出在距今 15 万年，吴汝康在 1976 年综合各家看法，认为在距今 15 万—10 万年；① 目前地质界学者多采用 13 万年。

---

① 吴汝康. 人类的起源和发展［M］. 北京：科学出版社，1976.

其次，虽然马坝人被认为属早期智人，但要准确断代并要判明马坝人与其他早期智人的时代先后，却不大容易。马坝人被发现之初，其年代归属较早，排在长阳人与丁村人之前，后来又排到了早期智人的末位。邱中郎在《我国早期智人的时代问题》一文中，将马坝人归属于晚更新世，亦排在长阳人与桐梓人之后。① 吴新智在《马坝人在人类进化中的位置》一文中更明确地说明马坝人"似是我国早期智人时代中较晚者"②。吴汝康的《古人类学》一书，指出马坝人属于华南更新世；③ 早期智人的排序，除金牛山人和大荔人之外，马坝人仍居于前列，以下依次为长阳人、丁村人、桐梓人。

再次，马坝人化石是怎么进入洞里的，多年来一直是个不解之谜。早在马坝人被发现之时，梁钊韬、李见贤的文章即已指出，"由于洞内漆黑，二米以下即见水分渐多，水平线甚低，人类在这里居住的可能性不大"，"人类头骨化石所在的裂隙相当狭窄"，"也没有发现过任何旧石器时代的遗物和马坝人的其他骨骼"，所以"发现地点并非人类原来所居住的地方"。④ 关于这一点，彭书琳在《试论岭南地区人类化石的分布规律》一文中做了初步的探讨，提出："由于洞底较洞口地势低，富含化石的堆积应是由流水形成的。"⑤

最后，发现马坝人的地点是否有更多的人类化石与其他文化遗存，也是学者十分关心的问题。黄万波在《广东省发现第四纪三棱象化石》一文中写道："1960年，杨豪在马坝镇一位农民家里，得到一枚三棱象的臼齿化石，其原生地层虽未查明，而其年代很可能属于早更新世。可惜这一化石以后遗失了，无法做进一步的研究。"⑥ 这说明，马坝镇狮子岩内及其附近，并非完全没有其他文化遗存的可能性，或许有些早已失落，也未可知。

面对重重困难，进入21世纪，随着新技术手段的应用和辅助型研

① 邱中郎. 我国早期智人的时代问题［M］//广东省博物馆，曲江县博物馆. 纪念马坝人化石发现卅周年文集. 北京：文物出版社，1988.
② 吴新智. 马坝人在人类进化中的位置［M］//广东省博物馆，曲江县博物馆. 纪念马坝人化石发现卅周年文集. 北京：文物出版社，1988.
③ 吴汝康. 古人类学［M］. 北京：文物出版社，1989.
④ 梁钊韬，李见贤. 马坝人发现地点的调查及人类头骨化石的初步观察［J］. 中山大学学报（社会科学），1959（第1、2期合刊）.
⑤ 彭书琳. 试论岭南地区人类化石的分布规律［M］//广东省博物馆，曲江县博物馆. 纪念马坝人化石发现卅周年文集. 北京：文物出版社，1988.
⑥ 黄万波. 广东省发现第四纪三棱象化石［J］. 古脊椎动物与古人类，1961（4）.

究加持，马坝人的相关研究在沉寂一段时间后取得了新的进展。2016年，中国科学院古脊椎动物与古人类研究所研究员吴秀杰与西班牙人类演化中心教授埃米利亚诺·布伦纳（Emiliano Brunner）在《美国体质人类学》发表了《马坝人头骨内部解剖结构》一文。他们采用高分辨率 CT 技术，对马坝人的额窦、眼窝、颅内模进行了 3D 复原和研究，[①] 推动了马坝人及古人类相关研究的进程。

① 吴秀杰. 马坝人头骨研究取得新进展［J］. 化石，2016（4）.

石峡文化

石峡文化遗址是广东省唯一以文化命名的人类文化遗址，因1973—1976年发掘石峡遗址而得名，与马坝人遗址同位于广东省韶关市曲江区马坝镇。石峡文化遗址位于马坝镇狮头山与狮尾山两座孤峰之间的峡地，故有"石峡"之名（图2-1）。该遗址所处的盆地呈梯级状，由东往西升高，坡度小，覆盖着次生黄土层，总面积约4万平方米。

图2-1　石峡文化遗址

石峡文化以遗址下的文化层及其墓葬为代表，属于以稻耕为主的新石器晚期文化，石峡文化一般认为距今4700—4200年，是广东百越先秦原始文化的主体。其底层含有前石峡文化的成分。

除石峡文化遗址外，在狮子岩北面附近的泥岭、曲江龙归镇葡萄山的下层、与曲江相邻的始兴县城南墨江南岸的新村、河源县上莞墟、定案大石寨、龙川坑子里以及北江和东江流域的许多地方，都发现了以稻耕为主的新石器晚期文化遗址。

石峡文化遗址包含4个不同时期考古学文化堆积，时间跨度从新石器时代至青铜器时代，其中下层文化富有地方特色，是以印纹陶为代表的青铜器时代文化层，文化内涵丰富，被命名为"石峡文化"。石峡文化遗址作为国内外难得的一处新、旧石器时代同在一个保护范围的大型文化遗址，为进一步探索岭南地区从原始社会至秦汉以前的社会文化发展找到了一把重要的钥匙，也为探索同时期这一地区社会发展阶段与我国其他文化发达地区社会发展阶段之间的关系找到了一个重要的环节，还为印纹陶在广东尤其是粤北地区的产生、发展、变化分期及年代等提供了科学依据，具有重要的考古学、历史学价值。

一、石峡文化的分期和石峡文化遗址的特点

石峡文化遗址清理墓葬132座，主要分布在遗址中部，墓群密集，有不少因叠压而损坏。一次葬和二次葬均为东西向长方形竖穴土坑墓，当时流行单人葬，墓坑用火烧烤成红烧土壁，有余炭和灰烬铺于墓底。在一次葬中，尸体周围和上方堆压有石块，没有随葬品；二次葬在重新安放的遗骨周围堆放有随葬品。墓葬中出土的陶器有3 000多种，除部分是生产工具外，绝大多数是生活用品。陶器制法有轮制、模制和手捏。陶器器形有三足鼎、圈足器和圜底器等。陶器用途分为两大类：一类是炊煮器，另一类是储盛器。

石峡文化遗址底层可以追溯到更早的（前石峡文化）时期。石器中的肩石磷、锛类，也可以追溯到更早的时期。在出土的石器中，亚腰（两侧呈缓凹弧线）斧、钺类石器比较普遍，出现的时期较早，发展过程较为清晰。它们与长江中下游出土的器具基本相同，说明早在原始社会晚期，东南沿海及长江中下游的先民就有文化与经济交流的活动。此外，石峡文化墓葬中还出土了一些琮、璧、环、珠管等装饰品，质料有高岭石、汉白玉、柔松石等，可见，先民们在那时已经开始注重装饰打扮了；从一件纺纱用的纱轮，还可以看出先民们已有简朴的服装了。石峡的先民们，除锄耕农业外，狩猎仍然占有重要的地位，众多箭镞的发现表明，当时的弓箭已属狩猎中的先进武器。

石峡文化遗址的发现对研究我国民族文化的渊源是非常重要的。在河南渑池县仰韶村发现的新石器时代晚期的仰韶文化遗址和在山东章丘龙山镇发现的4000多年前的龙山文化遗址，使我们看到黄河流域的古文化缩影。而在广东韶关发现的石峡文化遗址，则反映了珠江流域的古文化。石峡文化遗址众多文物的出土，标志着当时石峡一带的先民已从原始社会父系氏族向阶级社会过渡了。

对石峡文化遗址的勘探先后共有5次。第一次勘探是1962年，在石峡文化遗址中发现了房子的墙基、柱洞、灰坑、陶器等遗迹。

1973—1985 年考古工作者对石峡文化遗址又先后进行了 4 次考古挖掘，挖掘整理面积达 4 000 平方米，共出土陶器等 1 100 多件，铲、镞等 1 000 多件，磨石器、琮等饰物 160 多件，稻谷等植物，居室、墓葬 132 座，文物 3 000 多件。遗址堆积的文化层，自下而上包含了 4 个不同时期的文化遗存，各层所出土的陶片花纹拓片，反映出它们各自的特点和年代。

（一）石峡文化的分期

石峡文化的分期主要有两种。

第一种是 20 世纪 70 年代石峡文化遗址的发掘简报中所提出的。根据地层堆积的情况，石峡文化遗址被分为上、中、下三个文化层：上文化层的年代相当于西周晚期至春秋时期；中文化层的年代相当于夏商之际；下文化层以泥质磨光陶、夹砂陶与大量磨光石器共存为特征，年代为新石器时代晚期，距今 5000—4000 年。[1] 下文化层的墓葬根据叠压、打破关系以及随葬器物的组合情况被分为三期，第一至三期墓属石峡文化，对下文化层的文化属性没有明确的表述。苏秉琦在《石峡文化初论》中对下文化层的年代有更详细的论述，他认为下文化层不仅有距今 5000—4000 年的遗存，还包括距今 6000—5000 年的一部分遗存。[2]

第二种是广东省文物考古研究所等编著的《石峡遗址：1973—1978 年考古发掘报告》中所提出的，经过分析石峡文化遗址出土的全部资料，研究人员将石峡文化遗址分为四层（四期）。[3]

上文化层（青铜文化）：有饰夔纹、云雷纹、方格纹的印纹硬陶及原始瓷器和小型青铜工具、兵器。

中文化层（夏商文化）：与之同属一期的还有第四期墓葬，第四期墓葬领、折肩、凹底或圜底石器中最有特点的是石戈、石环。

下文化层（石峡文化）：中文化层及上文化层墓葬为石峡文化遗存。

---

① 广东省博物馆，曲江县文化局石峡发掘小组.广东曲江石峡墓葬发掘简报 ［J］.文物，1978（7）.

② 苏秉琦.石峡文化初论 ［M］//苏秉琦考古学论述选集.北京：文物出版社，1984.

③ 广东省文物考古研究所，广东省博物馆，广东省韶关市曲江区博物馆.石峡遗址：1973—1978 年考古发掘报告 ［M］.北京：文物出版社，2014.

底文化层（前石峡文化）：烧制陶器的火候低，易破碎，纹饰有细绳纹、刻划纹、指甲纹、小圆圈纹等，器类主要有釜、圜底罐、圈足盘等。

综上所述，石峡文化遗址包括上、中、下、底四个不同时期文化遗存，也称青铜文化层、夏商文化层、石峡文化层、前石峡文化层。上层是西周末至春秋文化层；中层是夏商文化层；下层属新石器时代晚期；底层为前石峡文化层，属新石器时代早期末（表2-1）。

表2-1　石峡文化遗址发现的四个不同时期文化遗存

分层	文化	历史时期	距今（年）
上文化层	青铜文化	西周晚期至春秋时期	3800—3100
中文化层	夏商文化	夏商时期	4000—3100
下文化层	石峡文化	新石器时代晚期	5000—4000
底文化层	前石峡文化	新石器时代早期末	7000—5000

（二）石峡文化遗址的特点

经发掘过的石峡文化遗址上层、乐昌对面山、始兴沈所等遗址相当于西周晚期至春秋时期。以石峡文化遗址上层为代表，发掘的器皿以几何印纹硬陶与少量的磨光石器、青铜器共存为特征。石器数量大幅度减少，其中又以三棱石镞、石棒、磨盘、石环、石玦等较为多见。陶器有敞口罐、矮圈足盘、矮喇叭足钵形豆等，其最突出的特征是最大径在下腹，圈足器比例较大。陶器以组合纹为特点，以夔纹、云雷纹、方格纹为主体，互相搭配，组成带状图案，其他亦有戳印重圈、刻划篦点、弦纹等。除此之外还有釉陶器和原始瓷钵等。共存的青铜器除石峡文化遗址上层以及乐昌对面山几座春秋晚期墓葬出土的件数较多外，其他遗址多为零星发现。

石峡文化遗址上层出土的钺、镞、矛、人面纹匕首等23件青铜器，被认为是目前"广东青铜文化最早的物证"，此期出土的青铜器以中小型兵器、工具为主，主要器形有钺、斧（图2-2）、矛（图2-3）、锥（图2-4）、镞、刮刀、戈、剑、鼎等。钺有靴形钺和扇形钺，后者最具地方特色；矛作柳叶形，无花纹装饰，形式较原始；匕首属越人扁茎无格短剑中的较早形态；镞多作长身狭身形，有圆铤和

扁条形铤两种；戈的器身有云雷纹和夔纹。石峡文化遗址上层的一件青铜器铸有人面纹。石峡文化遗址周边地区的青铜器还有马坝马鞍山出土的西周晚期铜铙、韶关西河出土的春秋越式鼎、南雄江头出土的弧刃青铜斧、乐昌金鸡岭出土的扁茎无格短剑等。

图 2-2　铜斧

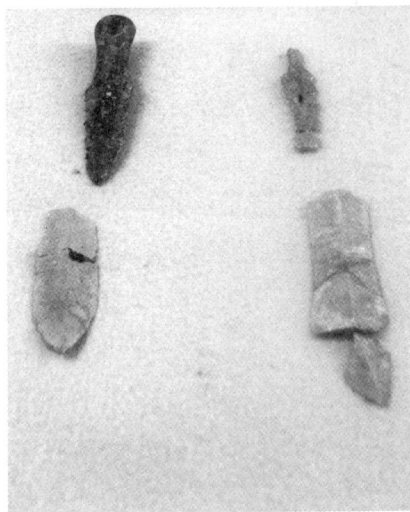

图 2-3　铜矛

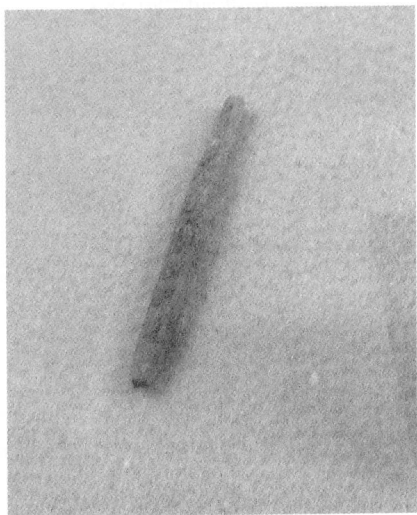

图 2-4　铜锥

　　石峡文化遗址附近的石峡文化分布区内，发现的遗址均相当于战国至秦统一岭南时期，以始兴白村战国墓葬、乐昌对面山战国墓葬为代表。这一时期文化的特征是以米字纹、重方格交叉纹为主要纹饰的陶器与青铜器共存，晚期出现铁器。此时石器除砺石及饼状卵石器外几无所见。陶器以广肩和鼓腹为特点，原始釉瓷器较多出现。纹饰简化，种类少，米字纹、重方格交叉纹占主导地位，水波纹、篦点纹、弦纹作为新的组合纹饰充斥着大小器皿，主要器形有瓮、罐、罍、盒、钵等，其中大器物较常见。青铜器在墓葬中出土较多，主要是中小型兵器和工具，器形主要有鼎、盂、带钩、刮刀、匕首、矛、钺、剑、斧等。乐昌对面山一件鼎的腹外表残存麻织物和烟熏痕迹；匕首为圆茎有格；剑为圆柱形茎，茎上有二道箍，有格，属插心剑类；钺为扇形方銎圆刃。始兴顿岗发现的十多座战国中期墓，其形制与乐昌对面山战国墓大同小异，墓葬随葬器组合规律不明显，但总体来说普遍随葬青铜器，数量不等，兵器多于其他用具。

（三）石峡文化时期的经济生活方式

属新石器晚期的石峡文化遗址，出土了炭化稻谷，亦有与农业生产有关的工具如大型长身石锛、有段石锛、石镘、石铲等，还有加工谷物的石杵、石磨盘，说明当时的先民们已进入较先进的锄耕农业阶段，农业经济是其获取食物的主要来源。

石峡文化时期的经济生活方式有四个方面的特点：

（1）此阶段出现了相对先进的生产工具，中小型石锛成了主要的农业生产工具，但仍然有一定数量的石杵、石磨盘等谷物加工工具出土。

（2）此时多有网坠等渔猎工具出土，作为先进生产力出现的青铜器首见于鱼钩等。

（3）石镞数量多，亦有一些石戈、石矛等，这些器类可作兵器，亦可作狩猎工具。

（4）主要居住所为半地穴式建筑。

从以上情况分析，农业作为社会经济主导的生产地位较之新石器时代晚期的石峡文化似乎有些衰退，而原来只是居辅助地位的渔猎和狩猎等经济活动却几与前者并驾齐驱，特别是青铜器首见于鱼钩，剔除其他原因，也似乎表露出一个信息：在该地区青铜文化早期，渔猎在社会经济生活中占据了举足轻重之地位。进入青铜时代中后期，虽亦见有石杵和石磨盘，但此时石器已从工具的主体变成附从品，反映了社会发展的进步；就青铜器来说，只出土了少量的且较小型的生产工具，如斧、刮刀等，这类工具属手工业用具或兵器，与农业生产关

系并不十分紧密。出土更多的却是鼎等陶器。这些情况，一方面说明社会经济中手工业生产发展较快，农业生产技术则发展缓慢，生活日用品仍以陶器为主；另一方面，青铜兵器的出土，也反映出在当时特定的社会环境中，人们不但要努力从自然界获取大量的生活物资，亦要用大量精力应付涉及部落利益的频繁的战争。

二、石峡文化遗址中的器物

石峡文化遗址的陶器以三足器、圈足器和圜底器为主，平底器较少。常见的器形有鼎（图2-5）、釜（图2-6）、三足盘、圈足盘、豆、圈足壶、罐、大袋足、圈足南瓦、杯盂、瓮等。其中以瓦形足或凿形足的子母口盘式鼎、斧形鼎、瓦形足或三角形镂孔足的子母口浅腹三足盘、子母口浅腹镂孔大圈足盘、子母口长颈或短颈圈足壶等最具特色。石峡文化遗址的陶器色彩大多为灰褐色和灰黄色；制作大都为轮制和模制；器表多为素面。带纹的陶器中，常见的纹饰有绳纹、附加堆纹、方格纹、旋涡纹、条纹、曲尺纹、弦纹等，已具有几何印纹陶的特征。

图2-5 鼎

图2-6 釜

（一）石峡文化遗址中的食具

石峡器物群的特征及其自身的演化规律，突出表现在三足盘类及圈足盘类这两类器物。

1. 三足盘类

这些盘类器物，有相同的盘体，盘多作直口浅圈底，口沿与腹部平折外凸构成子口，三足盘多为泥质红褐陶，三足形式多变，可分为瓦状足、瓦状外卷捏成尖锥状足、连裆三角形足、梯形足等。这类三足盘的盘体稳定，三足演变的基点是瓦状足，由此而演变为其他各式足。瓦状足流行于江汉流域的屈家岭、下王岗等遗址的三足器中。在长江下游新石器时代遗址，如常州圩墩遗址也有瓦状足，多属鼎类炊具。石峡文化遗址的三足盘虽似山东龙山文化陶鼎的鬼脸足，但两类相比，石峡文化遗址三足盘盘体矮，带子口，三足连裆又与山东龙山文化的陶鼎有明显差别。

2. 圈足盘类

大量圈足盘的盘体构造与三足盘相同，是其他文化中较少见的器物。圈足盘（图2-7）出现在前石峡文化期，夏商文化期增多，类型多至六式，有取代三足盘的趋势。在新石器时代文化中，圈足器流行于黄河、长江下游及东南沿海一带。石峡文化的圈足盘根据器形对比，和黄河、长江下游及东南沿海一带文化的圈足器缺少必然的联系，石峡文化的圈足盘可能是由三足盘演变而来的。

图2-7 圈足盘

在石峡文化遗址出土的盘类，足都起到稳固盘体的支垫作用。在陶器处于手制的阶段，用手捏三足器比制造圈足器要容易，故在石峡

文化早期只见三足盘类。当轮制技术使用后，在陶轮上修成圆形圈足则比手捏附加三足更为快捷，故在石峡文化早期出现圈足盘之后，石峡文化中期和后期圈足盘的数量相对增加，类型也更多，由此可知，石峡文化中三足盘演变为圈足盘是合乎生产力发展规律的。从实用及制作方面看，圈足盘优于三足盘，故圈足盘在石峡文化晚期越来越多，逐步取代了三足盘。

圈足盘上有镂孔是东南沿海诸原始文化器物中普遍存在的特点。石峡文化常见的圈足盘圈足粗大，为使手握方便，在圈足上往往有对称的大镂孔，有的镂孔可使双手穿入而直接扶托盘体，这是石峡文化圈足盘不同于东南沿海诸文化器物的独特风格，这种大镂孔不但有装饰作用，同时也有实用功能。石峡文化早期圈足盘出现后，随着圈足变小升高，呈喇叭状或烛台状，圈足由粗变细，引起盘体的变化，为了补偿由此引起盘体容积的缩小，盘体逐渐加深变为深钵式，这显示出石峡人的智慧，同时也表明高圈足盘是由大圈足盘逐渐演变而来的。

（二）石峡文化遗址中的生产工具

石峡文化遗址所处的粤北丘陵地区，当时各氏族主要从事农业生产，因此许多遗址都发现了农业工具和手工业工具，石峡文化遗址出土的农具有石锄、石锛（图2-8）、石铲、石戈（图2-9）、石斧、石磨棒、石磨盘（图2-10）、石凿、石镞（图2-11）等。石锄为长身弓背，两端刃，一宽一窄，最长的石锄达31厘米，是适于华南红壤地带挖土深翻的农具；扁平石铲均穿孔，分为长梯形或长方形两种；石锛按形制可分为长身、梯形、有段、双肩四种；石镞共发现500多件，相当于其他石器总和的一半，其形制多样，除作狩猎工具外，还可以作为兵器。因当时的人类收获稻谷普遍用薅拔的方法，遗址中大多不见或极少见刀与镰。

许多墓葬中随葬有成套的木器加工工具，以各种大小型石锛、石凿居多，其中有一种凹口刃面的锛和凿，可以将木头凿出圆槽、圆孔，在当时是相当进步的工具，反映出手工业生产中竹木器制作的专业化。

图 2 - 8　石锛

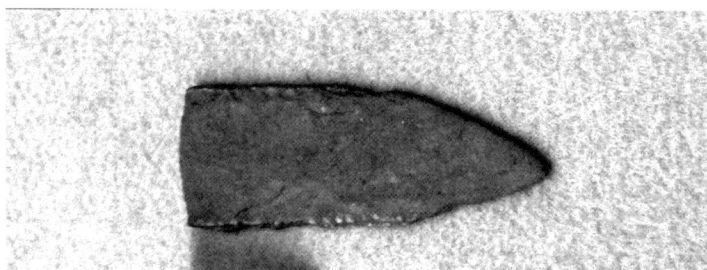

图 2 - 9　石戈

图 2 - 10　石斧、石磨棒、石磨盘（从左至右）

图 2 - 11　石镞

（三）石峡文化遗址中的炊具

1. 盘鼎

除广泛使用三足盘外，石峡文化的先民还使用各式盘鼎作为炊具。石峡文化遗址的盘鼎均为砂质灰陶、红褐陶，其胎壁厚，形体较三足盘高大。盘鼎作为炊具，其使用取决于由三足组成的一个牢固的受火三角形支架，故石峡盘鼎除了有加宽加厚的瓦状足外，还有凿形足、鹅头形足，它们的共同特点是足部浑厚凝重，而又不影响受火的空间，三足盘中的三足连裆的形式在盘鼎中不见了。类似的三足盘鼎在清江筑卫城、樊城堆的新石器时代文化层中都有出土，但"清江式"盘鼎的大量丁字形足在石峡文化遗址中始终未发现，显然石峡文化遗址同前述遗址仍有所差异。

2. 盆鼎

石峡文化遗址出土的盆鼎可复原者有30多件，其特点是直壁（或束腰），腹下折成浅圜底，盆底瓦状足外拱，一般口径大于腹径，盆体较盘鼎的盘体高，不带子口。

盆鼎在山东龙山文化中经常见到，与它们共存的有相类似的陶盆，虽有浅盆鼎、深盆鼎之分，但形态均不同于石峡盆鼎。比龙山文化更早的如大汶口文化早、中期的野店、大墩子以及大汶口（下层）等遗址所出土的釜鼎，其釜形似石峡盆鼎的盆体，但釜鼎附加凿形足，系由早期釜鼎演变而来，可见石峡盆鼎与东部沿海同类器物有一定联系。

在石峡文化遗址中，未发现与盆鼎相关的陶盆，但在鼎类中发现了介于盘鼎、盆鼎之间的过渡类型器物，其盘体已逐渐升高，但仍保持盘鼎带子口的特点，这似乎暗示盆鼎是在盘鼎加高的基础上制成的。

3. 陶釜

石峡文化遗址出土的各种陶釜，多为敞口，短颈，鼓腹圜底，口径均小于腹径，除一件饰有细浅埋纹外，其他陶釜以素面居多，陶釜可以追溯到六七千年前的河姆渡文化和马家浜文化，一直延续到出现几何形印纹陶的青铜文化。

石峡陶釜不同于河姆渡文化的折敛口深圜底釜，也不同于马家浜文化的深圜底腰沿釜，却接近河姆渡文化的散口釜。这种陶釜以无穷的生命力，从河姆渡文化开始，经过它的后继者（也包括石峡文化）逐步演变成华南一带青铜文化中常见的大宽沿圜底釜。石峡文化遗址出土的釜鼎，系釜加三足而成，其形态与江浙一带新石器时代出土的夹砂罐形鼎相似。带子口釜鼎则为石峡文化特点的器物。

4. 陶甑

石峡文化遗址中发现的陶甑多为平底圆孔箅眼。陶甑在新石器时代文化中出现较早，裴李岗文化、仰韶文化、半坡文化中都有发现，多为平底圆孔箅眼。到了龙山文化时期，陶甑与三足器复合形成一种大型的炊煮器。

综上所述，石峡文化遗址中的炊具以盘鼎、盆鼎、陶釜、陶甑为主，其主要特点见表2-2：

表2-2　石峡文化遗址中炊具的特点

名称	形状	与其他文化炊具对比
盘鼎	均为砂质灰陶、红褐陶、胎壁厚，形体较三足盘高大，除了有加宽加厚的瓦状足外，还有凿形足、鹅头形足	与清江筑卫城、樊城堆的新石器时代文化层中出土的三足盘不同，没有发现丁字形足和三足连裆的形式
盆鼎	直壁（或束腰），腹下折成浅圜底，盆底瓦状足外拱，一般口径大于腹径，盆体较盘鼎的盘体高，不带子口	与大汶口文化早、中期的野店、大墩子以及大汶口（下层）等遗址所出土的釜鼎形状有一定的相似性，与山东龙山文化中经常见到的盆形鼎形态明显不同，说明石峡盆鼎与东部沿海同类器物有一定联系

（续上表）

名称	形状	与其他文化炊具对比
陶釜	多为敞口，短颈，鼓腹圜底，口径均小于腹径，以素面居多，带子口釜鼎则为石峡特点的器物	形状接近河姆渡文化的敞口釜，系釜加三足而成，形态与江浙一带新石器时代出土的夹砂罐形鼎相似
陶甑	多为平底圆孔箅眼	早于石峡文化的裴李岗文化、仰韶文化、半坡文化中都有发现

三、石峡文化与周边地域古文化之间的关系

以石峡遗址文化层为代表的石峡文化的早期，可以上溯至五六千年前。发掘和研究石峡文化遗址，对于探索岭南地区原始社会晚期文化到秦汉以前的社会文化发展具有重要的意义。"石峡文化遗址的文化面貌，既有浓厚的地方特色，又与我国东南沿海及长江中下游的原始文化有着密切的联系。"[1]

（一）与石峡文化遗址下文化层类似的遗址

将石峡文化遗址的发掘与过去工作积累的成果经过初步综合对比之后，岭南地区新石器时代、青铜时代的大致轮廓也逐渐清晰。它和我国其他古文化发达的地区之间是紧密相连、息息相通的，石峡文化的来龙去脉也是有线索可寻的。与石峡文化遗址下文化层类似的遗址，在其附近已发现多处，它们代表着岭南地区新石器时代的文化遗存。

1. 西樵山遗址

西樵山是一座位于珠江三角洲的孤山，古代是珠江口外的一座孤岛，面积约 12 平方公里。西樵山古文化遗存分布在山周围的缓坡，出土的石器多为健石、霏细岩打制的石片，石器和夹粗砂带、细绳纹、划纹的陶片，有的石器肩部、刃部有经过琢磨的明显痕迹。这些遗存跨越的年代很长，但因缺乏可靠的层位关系，哪些石器与陶器共生，其年代的上限、下限，与它文化上有直接联系的遗存是什么？这些问

---

① 苏秉琦. 石峡文化初论［M］//苏秉琦考古学论述选集. 北京：文物出版社，1984.

题的答案都尚不清楚，需要进行正式的勘查与发掘。

2. 英德青塘遗址

位于北江中游的英德青塘石灰岩地区有一种灰褐色硬土堆积层，出土了一些用河卵石打制的石器，也有经过简单磨制的斧、锛及粗砂陶，有的陶器上带有绳纹。它和绍兴一带发现的中石器—新石器早期的文化遗存之间有较密切的联系。

3. 始兴玲珑岩遗址

始兴县城位于江西通往广东的要道上，地处北江上游支流之一——浈江中段一个相当开阔的盆地的北部边缘。始兴县城南镇盆地边缘有一座玲珑岩，1958年发现在北侧的一座石灰岩洞里存有约6000年前新石器时代早期的文物。1975年开始发掘，遗址面积约40平方米。堆积中含动物碎骨、螺壳，出土红褐色夹砂陶片和局部磨制石锛。

4. 曲江矮石洞遗址

韶关南边的马坝河（北江的支流之一）南侧，在出土马坝人化石的狮子岩东边不远，有个矮石洞，还保留了大部分原始堆积。里面最下层为软黄色土；中层为深灰色胶结层，出土过人类化石（未经鉴定）；近洞口上层为灰色土，含大量螺壳。这两处都未经发掘。

5. 始兴平坝遗址

始兴平坝位于韶关东北部，从发掘的层位关系与文化内容，可看出从下到上几个连续发展的阶段，包括打制的石核、石片石器和尖状刮削器，以及利用石材先打制成斧形，再磨光刃部的石器，还有全部磨光的石器和体厚笨重的铲形石器。和它们共生的陶器，其基本组合是：釜、鼎、盘、钵等，均为粗砂陶。这些陶器突出的特点是，位于上层的和通体磨光的石器共生，器身上印有较大的同心圆印纹。这种印纹有圆圈五层，印痕较浅，阳纹较粗，直径达6厘米。值得注意的是：在石峡文化遗址下层的底部，也出土了类似的同心圆印纹陶片，直径近6厘米，也是五层圆圈。差异在于它的中心加有圆点，阳纹较窄，印痕略深。

由此可见，石峡文化与始兴的新石器时代文化在时间上有一定的连续性。而石峡文化中稍后的同类陶器的印纹，变为直径约4厘米的五重圆圈纹、直径约3厘米的四重圆圈纹，然后则出现直径约2厘米的三重圆圈纹的印纹软陶。

6. 从化狮象遗址

2002 年底，广州市考古研究所在位于粤北与珠三角地区过渡地带从化市（今从化区）吕田镇狮象村东南处，对从化狮象遗址进行了试探性发掘，发现了新石器时代晚期遗存，在 250 平方米的小范围内清理出 4000 多年前的古代遗迹，包括新石器时代晚期的石锛、石镞、石环等各类磨制石器 39 件，以及可复原的罐、釜陶器、支座、纺轮等 50 多件。其中新石器时代陶器以印纹小口矮圈足罐为代表，另有印纹的釜或罐、敛口或内折沿的喇叭座的豆。这些出土的文物与石峡文化早期陶器基本一致，同时具有珠江三角洲和粤北石峡文化特点，这对研究两个区域史前文化的交融具有重要价值。

在出土的文物中，有打磨得很锋利、精致的石戈、石镞、石箭头等系列兵器。石戈呈斧状，尾部有圆孔。石镞呈扁平的三棱状，与现在的箭头颇为相似。石器中有一件用灰岩打磨成的石环，是古人类用来装饰的物品。说明那时候的人们已经开始佩戴"首饰"了。

7. 韶关武江圆墩岭遗址

2010 年，位于韶关市武江段西侧的圆墩岭遗址经抢救性发掘，发现了晚于石峡文化并早于石峡文化中层的文化遗存，年代距今 4000—3500 年，文化性质属"虎头埔文化"。后来，李岩在《虎头埔文化刍议》一文中，较详细介绍了该遗址情况：圆墩岭第一期遗存陶器以泥质矮圈足罐和豆比例众多，另有直领罐、釜和器座。这些遗存相当于石峡文化第三期或石峡中层遗存，特别是第三期的早段遗存，并再次认为其属于"虎头埔文化"。[1]

（二）石峡文化遗址的发现填补了我国新石器时代早期（包括中石器时代）与晚期之间存在的考古空白

长期以来，新石器时代早期（包括中石器时代）与晚期之间存在的研究缺环困扰着我国考古学界，直到石峡文化遗址的发现，填补了这个空白，这也奠定了石峡文化在学术上的重要考古学价值。

第一，从始兴城南新村玲珑岩遗址到石峡文化遗址下文化层出土的印纹陶具有较明确发展序列，二者在年代和文化上具有相当密切的

---

① 李岩. 虎头埔文化刍议 [M] //北京大学考古文博学院，北京大学中国考古学研究中心. 考古学研究（十）：庆祝李仰松先生八十寿辰论文集. 北京：科学出版社，2012.

衔接关系。在我国东南地区新石器时代的地层中广泛分布着印纹陶，虽然江西万年仙人洞遗址的材料可以勉强作为印纹陶原始阶段的典型，但还不能充分说明问题。随着石峡文化遗址的发现，从石峡文化遗址下文化层到始兴城南新村发掘的陶器具有较明确发展序列的印纹，其出现的时间则至少可远溯到 6000 年以前，印纹陶可以作为某些原始文化的物证因素之一，由此得到学术界的普遍认可。

第二，与同类遗址的文物比较，石峡文化遗址上文化层、下文化层与中文化层之间具有连续发展关系。石峡文化遗址下文化层中已发现直径约 2 厘米、三重阳纹的印纹软陶，而在中文化层中则发现了直径略大于 1 厘米、二重阳纹、中心加圆点的印纹软陶。此外，在始兴、梅县地区的兴宁、平远等地与它相当阶段的遗址中则发现了介于两者间的印纹软陶（直径 1～2 厘米、二重圆圈、中心加圆点）。石峡文化遗址上文化层出土的外圈为圆角方形的二重中加圆点的印纹硬陶，与河南偃师二里头遗址出土的同类印纹陶极为相似。石峡文化遗址中文化层则出现由一对单线阳纹相对构成、每单位边长约 1.5 厘米的雷纹软陶。此外，石峡文化遗址上文化层中出现的单线阳纹构成的雷纹硬陶与河南偃师二里头出土的雷纹陶中的部分相似。由此可见，石峡文化遗址的文化层之间虽然在文化面貌上有较大差异，年代上似有缺环，但结合比较相近地区同类遗址的陶器，可以断定其文化层间具有连续发展关系。

第三，在广东省东部的惠阳、梅县、汕头等地也发现和石峡文化遗址中、上文化层文化特征相似的遗址，出土的文物具有和石峡文化遗址中、上文化层相似的阶段性变化。它们的共同特点主要是：包含类似的印纹软陶、硬陶、釉陶，几种不同类型的石戈，为数不多的青铜器。近年来在广东省西部的封开、怀集、清远、四会、德庆、肇庆等地陆续发现了一些出土青铜器的墓，其所处时代在西周到春秋战国之际，葬制与铜器的风格具有自己的地方特征。

综上所述，可以看出粤北、粤东、粤西地区与中原地区在差不多的时期内，曾经历过相似的几个文化阶段。不过，在广东省内的几个不同地区间又有较大的差异（表 2 - 3）。例如：在石峡文化遗址中、上文化层以及附近曲江境内几处同类遗址（龙归葡萄山、周田月岭、马坝肖屋山等）中均出有原始型石戈（无栏）和靴式青铜钺（现在只

在石峡一处发现）；汕头地区饶平则出有与中原商代铜戈颇为相似的石（或玉）戈，还出过近似原始型的铜戈；在梅县、惠阳出的石戈形制相当特殊，至于西江流域几具墓葬中的青铜兵器，主要是一种带有地方色彩的矛。值得注意的是，在珠江三角洲地区，迄今还没有发现早到战国以前的青铜器。这说明广东境内几个大的地区之间，这一时期的文化发展是相当复杂的。

表 2 - 3　石峡文化遗址不同文化层出土文物的特征

分层	历史时期	出土文物的特征	与其他文化出土文物对比
上文化层（青铜文化层）	西周晚期至春秋时期	1. 外圈为圆角方形的二重中加圆点的印纹硬陶 2. 原始型石戈（无栏）和靴式青铜钺（现在只在石峡一处发现）	1. 与河南偃师二里头遗址出土的同类印纹陶极为相似 2. 西江流域的封开、怀集、清远、四会、德庆、肇庆等地陆续发现了一些出有青铜器的墓，包含的时代大约从西周到春秋战国之际，其葬制与铜器的风格具有自己的地方特征 3. 在石峡文化遗址附近曲江境内，有龙归葡萄山、周田月岭、马坝肖屋山等几处同类遗址，这些遗址中均出有原始型石戈
中文化层（夏商文化层）	夏商时期	1. 有直径略大于 1 厘米、二重阳纹、中心加圆点的印纹软陶。出现由一对单线阳纹相对构成、每单位边长约 1.5 厘米的雷纹软陶 2. 有原始型石戈（无栏）和靴式青铜钺（现在只在石峡一处发现）	1. 始兴、梅县地区的兴宁、平远等地与它相当阶段的遗址中则含有界于中文化层和下文化层间的印纹软陶（直径 1～2 厘米、二重圆圈、中心加圆点） 2. 在韶关、惠阳、梅县、汕头等地发现的相当于石峡文化遗址中文化层和下文化层相当阶段的遗址中，都发现有类似印纹的软陶、硬陶、釉陶，几种不同类型的石戈，以及为数不多的青铜器
下文化层（石峡文化层）	新石器时代晚期	已出现直径约 2 厘米、三重阳纹的印纹软陶	

分层	历史时期	出土文物的特征	与其他文化出土文物对比
底文化层（前石峡文化层）	新石器时代早期末	陶器尚无印纹	/

石峡文化遗址自发现以来，在广东地区的新石器时代考古学研究中一直处于重要的地位，除石峡文化遗址外，在广东各地陆续有一些同类遗存的发现与发掘（图2-12），其中包括近年来新发现的和平县小片山遗址、广宁县龙嘴岗遗址等。

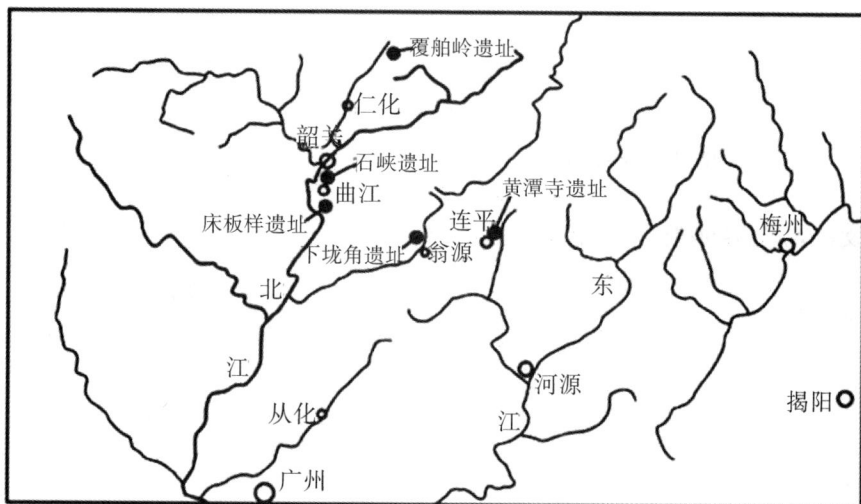

图2-12 粤北地区文化遗址位置分布

（三）具有明显时代标志的矮圈足罐以石峡文化为载体传播到了更远的地方

在石峡文化的陶器中有印纹的矮圈足罐，属于非典型陶器，如鼎、三足盘、豆等，在烧制火候方面取得了明显的进步。

在石峡文化的陶器中流行三足器，器物的口部多有子口且有的有盖，豆、盘类圈足上普遍有镂孔，夹砂陶器中常见盘形、釜形、盆形鼎，还有釜、罐、甗等（图2-13、图2-14、图2-15、图2-16、图2-17、图2-18），泥质陶器中有三足盘、圈足盘、豆、壶、罐等；印纹的矮圈足罐是非典型陶器。然而，如果将目光放至整个广东地区，可以发现在与石峡文化同时期的各地遗存中，矮圈足罐是一种具有明

显时代标志的陶器，而认清其发展脉络对于我们理解石峡文化对外的
传播将有较大的帮助。

图2-13　宽把有流罐

图2-14　广口折肩凹底罐

图2-15　高领罐

图 2 - 16　双耳罐

图 2 - 17　凹底罐

图 2 - 18　硬陶豆

根据已经公开的资料，除了石峡文化墓葬外，岭南地区出土矮圈足罐的遗址有东莞圆洲、佛山河宕、佛山灶岗、珠海后沙湾、香港涌浪、普宁虎头埔、普宁龟山、龙川荷树排等。从考古学文化的性质看，粤东地区的遗存被李伯谦称为虎头埔文化，珠江三角洲地区的遗存被称为后沙湾第二期遗存。①

虽然出土矮圈足罐的遗址分属于不同的考古学文化遗存，即文化性质有所不同，但时代接近及空间上的相邻与交流，使其源流相对容易观察。

从类型学的角度看，目前岭南地区出土的时代最早的矮圈足罐可见于东莞圆洲遗址第一期。东莞圆洲遗址第一期的矮圈足罐有两个显著特征：一是没有附加堆纹；二是纹饰组合表现出相当的原始性，即领部之下有一周斜条纹，其下饰长方格纹，或在领部以类似梯格状的叶脉纹与器身的方格纹组合。可以说，这是几何形印纹最早阶段的产物，究其原因：首先，施纹方法与前段的珠海草堂湾遗址第一期陶器的蘸纹方法相比出现了变化，后者以细绳纹和刻划纹共存为特征。而前者的陶器则出现了以陶拍为工具的印纹。其次，珠海草堂湾遗址第一期陶器刻划纹的母题基本为同心圆类弧线或平行线组成的纹样，而东莞圆洲遗址第一期矮圈足罐的印纹母题基本上是仿照竹编器而来的，领部以下的短斜平行线或叶脉状纹与竹编器之收口所用绞索编方法形成的脉络以及位置相同，其下之器身部位的曲折纹、长方格或方格纹则与竹编器之十字编或经纬编所形成的图案及位置相似，可以推断最早的印纹纹样来自竹编器，而领部和圈是矮足罐作为陶器本身的造型部分，因此只是将器身以模仿竹编器的方式加以装饰。短斜条纹、叶脉状纹、曲折纹、方格纹、长方格纹也就成了最早出现的印纹纹样了。

相比之下，香港涌浪遗址出土的没有附加堆纹的矮圈足罐与东莞圆洲遗址第一期矮圈足罐的形制和纹饰更为接近。石峡文化遗址第三期墓葬出土的矮圈足罐由于出现了附加堆纹，因此排在东莞圆洲遗址和香港涌浪遗址之后。普宁虎头埔遗址出土的矮圈足罐有两种形制，一种与石峡文化第三期墓葬出土者类似，直领、鼓腹、矮圈足，领部以下饰曲折纹并有一或两周附加堆纹；另一种为敞口、高鼓腹、矮圈足，领部以下饰曲折纹或长方格纹，并有多道附加堆纹。此种器形的个体通常较大，与其相同者在珠海后沙湾遗址第二期陶器中也可见到。

结合器形、纹饰和个体三方面的因素分析，岭南地区矮圈足罐至

① 李岩. 对石峡文化的若干再认识 [J]. 文物，2011（5）.

少经历了四个发展阶段（表2-4）：第一阶段以东莞圆洲遗址出土的矮圈足罐为代表，有两个特征特别明显，没有附加堆纹，纹饰组合相当原始；第二阶段以香港涌浪遗址、佛山三水银州第一期遗址、珠海后沙湾第二期遗址、佛山鱿鱼岗第一期河宕灶岗遗址出土的矮圈足罐为代表，没有附加堆纹；第三阶段以石峡文化遗址第三期墓出土的矮圈足罐为代表，出现了附加堆纹；第四阶段以普宁虎头埔遗址出土的矮圈足罐及珠海后沙湾遗址第二期同类器为代表，出现了附加堆纹，矮圈足罐个体通常较大。器形的变化轨迹是领部从直领到敞口、高领，始终没有变化的是矮圈足；纹饰方面从仿竹编器纹路发展为此类陶器专有的曲折纹、长方格纹等，领部之下的短斜条纹消失了。

表2-4　岭南地区出土的矮圈足罐不同发展阶段特征比较

发展阶段	出土地点	器身纹饰	器物特点
第一阶段	东莞圆洲遗址	器身纹饰组合表现出相当的原始性，即领部之下有一周斜条纹，其下饰长方格纹，或在领部以类似梯格状的叶脉纹与器身的方格纹组合，没有附加堆纹，纹饰直接模仿竹编器	器形为直领、鼓腹、矮圈足
第二阶段	香港涌浪遗址、佛山三水银州第一期遗址、珠海后沙湾第二期遗址、佛山鱿鱼岗第一期河宕灶岗遗址	纹饰除了曲折纹、方格纹、长方格纹、叶脉状纹附加堆纹外，还有在矩形中填充对角线的纹饰，没有附加堆纹。此类纹饰与矮圈足罐上的印纹有所不同，并非模仿竹编器	器形为直领、鼓腹、矮圈足。共存的器物有子口豆、釜器座等
第三阶段	石峡文化遗址第三期	器身出现了附加堆纹。通体除饰拍印重圈纹、席纹等外，还有曲折纹、方格纹、长方格纹、叶脉状纹，并有一至数周附加堆纹	器物的领部由直领变为敞口、高领。在陶器的烧制火候方面取得了明显的进步

发展阶段	出土地点	器身纹饰	器物特点
第四阶段	普宁虎头埔遗址、普宁龟山遗址、珠海后沙湾遗址第二期	一种与石峡文化第三期墓葬出土者类似。直领、鼓腹、矮圈足，领部以下饰曲折纹，同时有一或两周附加堆纹，脱离直接模仿竹编器，出现陶器独立的印纹纹样。另一种为敞口高鼓腹，矮圈足，领部以下饰曲折纹或长方格纹，并有多道附加堆纹。方格纹、曲折纹及梯格状仿竹编印纹，并组合以一条或数条附加堆纹	矮圈足罐个体通常较大，器物的领部由直领变为敞口、高领。共存的器物有碗、釜等

综上可以看出，这种印纹矮圈足罐出现于珠江三角洲地区，器形为直领、鼓腹、矮圈足。初期纹饰直接模仿竹编器；虎头埔文化时期纹饰开始脱离直接模仿，出现陶器独立的印纹纹样，器物的领部由直领变为敞口、高领，同时向北传播至石峡文化地区。矮圈足罐代表了一个阶段的开始，标志着制陶技术和审美观念的重大变化，同时具有很强的张力。

（四）石峡文化向外分布的情况

1. 向西分布

1990 年，在距离石峡文化遗址西南偏北 380 公里处的广东省肇庆市封开县杏花镇，广东省的文物工作者发掘封开县乌骚岭遗址时，发现了石峡文化向西分布的证据，除乌骚岭遗址外，还有一个重要的遗址是禄美村对面岗遗址，在此遗址曾经发掘了一座石峡文化的土坑墓，墓中不仅出土了陶器、石器，还有玉琮。由此可见在封开乌骚岭及附近地区有高等级墓葬，这也意味着在贺江与西江的交汇处及周边地区有类似于中心聚落规模的遗存。乌骚岭遗址与石峡文化墓葬第三期遗存的共性显著：墓葬分布密集，排列有序，均为长方形竖穴土坑墓。墓坑较小，并经火烧烤，填土中有较多的竹、木、炭屑，呈灰黑色。坑内人骨均腐朽无存。随葬有陶器、石器。陶器均破碎，有圜底釜、鼎、圈足盘等陶器群的基本器物和组合与石峡文化相似，石器中

也有典型的石峡文化器物，如琮、钺、弓背锛等，两者之间也存在差异，如两地出土鼎足的形制不同。在石峡文化墓葬出土的三足器中一般很少见锥形鼎足，鼎或三足盘的足或为瓦状或为长条形或为兽足状。

在距离石峡文化遗址西南280公里的广东省肇庆市广宁龙嘴岗遗址，出土了与石峡文化出土物相似的圜底釜、鼎、圈足盘等陶器和石器等器物，同时还发掘出了矮圈足罐和鼎足残件，鼎足为锥形鼎足。在距离石峡文化遗址西南500公里的广东省茂名市高州博物馆存有一件类似石峡文化的弓背锛。

石峡文化遗址以西500公里的广西平南县大新乡石脚山遗址，出土的陶片显示陶器群中有与石峡文化遗址相似的矮圈足罐及鼎足。矮圈足罐为泥质灰陶，烧制火候略高，饰有曲折纹和附加堆纹。鼎足有素面和绳纹两种，足根部有按窝，与距离石峡文化遗址400公里的封开杏花河流域出土的同类器物类似。石脚山遗址不仅有矮圈足罐及鼎足陶器，还有其他时代及文化属性的陶器，但没有广西本地以夹砂陶绳纹为主的陶片。究其原因有二：一是石脚山遗址与乌骚岭墓葬群在空间分布上相邻，并有西江干流直达；二是封开地区有高等级墓葬，意味着该区域有中心聚落，因此石脚山遗址的陶器群中至少有一组受到石峡文化乌骚岭时期遗存的影响。

与石脚山遗址所含石峡文化遗物大体同时期的广西本地遗存有两类：一类是在南宁地区分布着以桂南大石铲为特色的考古学文化，稍早的还有顶狮山第四期；另一类是广西南部的以钦州独料遗址为代表的遗存。然而，这两组陶器与石脚山遗址的陶器不同，其中南宁地区遗存的陶器以夹砂陶且饰绳纹为主要特色，没有三足器。广西南部沿海地区遗存的陶器表现出一定的复杂性，多数陶片饰绳纹，少量陶片饰曲折纹和篮纹。这两种纹饰在陶器中所占的比例较少，因此其与石脚山遗址的情况不同，应是受到来自东北方向乌骚岭遗存的影响，而仍然以夹砂陶并饰绳纹为主要特征。因此推测，乌骚岭同类遗存在广西东部的分布，向南并没有抵达广西沿海地区。

石峡文化遗址以西600公里的广西贵港市上江口遗址，在第二期遗存中陶器的数量少，但有曲折纹、曲折纹与圆圈纹组合以及圆柱形鼎足和甑；在陶器群中不仅有矮圈足罐及鼎足等与石峡文化遗存有密切关系的陶器，矮圈足罐为泥质灰陶，烧制火候略高，饰有曲折纹、

附加堆纹、曲折纹与圆圈纹组合以及圆柱形鼎足和甑，这些均为石峡文化的元素。

2007 年，广东省文物考古研究所发掘了距离石峡文化遗址西南280 公里的广东省肇庆市广宁南街镇首约村遗址，出土了两个时期的遗物，在遗存中也发现了锥形鼎足。可见肇庆市广宁绥江流域也在石峡文化的分布范围。

2007 年在石峡文化遗址西南约260 公里的广东省云浮市郁南县平台镇大桥头遗址发现了与乌骚岭遗址相同的鼎足，还有瓦状鼎足，石器中截面为三棱形的镞也是同类文化遗存中具有代表性的器物。

除前文提到的封开、广宁、郁南、平南等地出土的文物外，在相关遗存中有锥形鼎足的遗址还有江西新余拾年山遗址，拾年山遗存分为三期，其中第三期遗存中发现的浅盘瓦状鼎足与石峡一期墓葬的盘形鼎风格一致。石器中有段锛、弓背锛是突出的特点，而陶器中几何形拍印纹流行，其立体感强，为江西史前遗址所未见。在陶器群中，值得注意的是锥形足鼎有相当的数量，壶类器物为直领、鼓腹、矮圈足，并饰有附加堆纹，总体表现出与石峡文化第三期墓葬的同类器物一致，从广西平南到江西新余都出土了锥形鼎足，因此它与石峡文化第三期的墓葬表现出的差异可能更多代表着时代的差别。即锥形鼎足是石峡文化更晚阶段的遗存，是目前石峡文化第三期墓葬未包含的时间段落。

2. 向东分布

广东省揭阳市埔田镇宝山崇遗址于 1982 年出土了夹砂红阳鼎、釜、罐和泥质红陶豆、圈足盘等。1984 年，广东省汕尾市海丰县田墘镇三舵遗址出土了与石峡文化密切相关的玉琮，属于石峡文化类型遗存的范畴。[1]广东揭阳出土的文物是本地文化受石峡文化强烈影响的产物，现代潮汕地区与石峡文化并存的时段内，本地为虎头埔文化的分布区域，樊城堆、拾年山第三期等遗存则不然。

3. 向南分布

2009 年，广州市文物考古研究所在增城市（今广州市增城区）增江街白湖村浮扶岭发现了商周至南越国时期一罕见大型古墓群，已开

---

① 杨式挺.广东新石器时代文化与毗邻原始文化的关系［M］//中国考古学会.中国考古学会第七次年会论文集（1989）.北京：文物出版社，1992.

探方 80 个，揭露面积约 8 000 平方米，文化层堆积距现地表最深达 0.5 米，清理出灰坑 50 余个、灰沟 5 条，已清理出的墓葬有 350 多座，墓葬 237 件，共出土了 1 000 多件（套）文物及大量的器物残片，其中出土的矮圈足罐和瓦状足鼎与石峡遗址出土的同类器相近。其年代跨度长，墓葬数量多，分布密集，也是迄今为止广州地区考古发掘面积最大的先秦古墓群。它揭示了一些重要考古遗迹现象，为岭南考古学研究增加了新的内容和线索。

增城位于珠江三角洲东北角，是目前所知石峡文化分布的最南地点，再无其他与石峡文化或乌骚岭遗存类似的陶器或石器。由此可见石峡文化的南界暂划定于大容山—云开大山—云雾山这一组东北至西南走向的山脉之北。

4. 向北分布

江西省新余市渝水区水北镇南陂村拾年山遗址，在距离石峡文化遗址北部 500 公里处，拾年山遗址第三期出土的浅盘瓦状鼎足的风格与石峡文化第一期墓葬的盘形鼎是一致的，石器中有锻铸、弓背铸，这一点与石峡文化也相似，与石峡文化第三期墓葬的同类器物一致的特征，表现为陶器几何形拍印纹较多，陶器中锥形足鼎的数量比较多，壶类器多为直领、鼓腹、矮圈足，且饰有附加堆纹。

位于江西省樟树市刘公庙乡庙下村东侧的樊城堆遗址，在葬俗、陶器、石器以及陶器纹饰中的曲折纹、圆圈纹等方面与石峡文化具有相当的一致性。樊城堆遗址属于石峡文化的论断主要依据对两者以陶器群为主的文化面貌的认识与理解。应在更广泛的空间内将周边的考古学文化与石峡文化遗址、樊城堆遗址、拾年山遗址等进行比较，从而确定它们之间的异同。其北有长江中游地区的石家河文化，东北有长江下游的良渚文化，通过比较发现，石峡文化与樊城堆遗存在葬俗、陶器、石器等方面表现出较强的一致性。[1] 陶器纹饰中的曲折纹、圆圈纹等即石峡文化吸收了虎头埔文化的因素而形成的，这无论是在赣江流域还是在长江中、下游地区早于石峡文化的遗存中都是未见到的。其南部为虎头埔文化分布的范围，虎头埔文化盛行各种圈足器，并影响到了石峡文化，与石峡文化区别明显。其西及西南部以广西桂南大石铲及钦州独料遗址为代表的遗存，出土的石器、陶器与石峡文

---

① 李岩. 对石峡文化的若干再认识 [J]. 文物，2011（5）.

化不同。总之，从长江中下游之湘江及赣江流域（南部）至广东北江、西江、东江（西端）流域看石峡文化与樊城堆两者的文化面貌，相同、相似的点较多。据此推断，石峡及乌骚岭很可能是此文化的中心区域，因为在这一区域发现了众多高等级的墓葬。

在湘江流域的岱子坪、株洲磨山遗址也出土了具有石峡文化特征的陶器，但与上述情况不同。这是石家河文化边缘地区受到了石峡文化的影响，说明石峡文化分布的北界位于南岭南侧。

根据目前的资料可知，仿竹编拍印纹产生于珠江三角洲地区，最早见于矮圈足罐，随后发展于粤东，并向北传播于石峡文化，这种文化因素以石峡文化为载体，分别向西、向东传播，同时也反映了广东地区新石器时代晚期文化的重要变化。如果说在石峡文化出现之前广东地区的考古学文化以接受来自北方的文化因素影响为主线的话，那么此后则表现出一种强势的文化张力，向外传播成为主线，此时恰是中国进入奴隶社会的重要时期，石峡文化的向外传播真正开始了广东地区中国化的过程，而且表现得相当主动。

综上所述，从目前的考古发现及对其陶器群的认识来看，石峡文化的分布范围西达广西平南，在广东省境内并未及南部沿海地区，东北到江西新余，南至广州增城，其文化因素分别向北渗入湘江流域，并未达广西南部沿海地区（表2-5）。

表2-5　石峡文化分布的边缘

石峡文化分布边缘的方向	边缘	证据
石峡文化的北界	湘江支流涟水边上的湖南湘潭市湘乡县（今湘乡市）、洞庭湖以南的湘江支流渌水边上的湖南省株洲市株洲县、江西省樟树市	在湘江流域的岱子坪、株洲磨山遗址也出土了具有石峡文化特征的陶器 江西省樟树市樊城堆遗址在葬俗、陶器、石器等方面与石峡文化有较强的一致性。陶器纹饰中的曲折纹、圆圈纹等即石峡文化的特征

石峡文化分布边缘的方向	边缘	证据
石峡文化的东界	东至广东省揭阳市埔田镇和广东省汕尾市海丰县田墘镇，东北至江西省新余市	揭阳市埔田镇宝山崀遗址于1982年出土了夹砂红阳鼎、釜、罐和泥质红陶豆、圈足盘等；汕尾市海丰县田墘镇三舵遗址于1984年出土了与石峡文化密切相关的玉琮。杨式挺将其列入石峡文化类型遗存的范畴
石峡文化的西界	广西贵港市平南县、广西贵港市上江口	广西贵港市平南县石脚山遗址和广西贵港市上江口遗址，位于距离石峡文化遗址西南550公里处，出土了大量陶片，在陶器群中不仅有矮圈足罐及鼎足等与石峡文化遗存有密切关系的陶器
石峡文化的南界	广西北流市境内大容山、山脉东北—西南走向、广西广东两省区界山的云开大山、广东西部云浮市的云雾山这一组东北至西南走向的山脉。位于珠江三角洲东北角的广州市增城区和广州西部的高州	出土的矮圈足罐和瓦状足鼎与石峡遗址出土的同类器相近

四、石峡文化时期的农业生产状况

从石峡文化层可以看出，那时居民以定居聚落的状态生活，生产方式以种植栽培稻作的原始农业为主，捕鱼、狩猎和采集已退居次要地位，社会形态已经进入父系氏族，出现专业化生产雏形。私有财产已产生并发展起来，原始社会开始瓦解，其特征与我国长江中下游、东南沿海同时期原始文化相似。

在石峡文化前期，氏族开始生产谷物，出现了早期的农民，其群体不断扩大；当用于起土、翻土、疏松土壤的工具出现之后，耕作农

业代替了原始农业，原来以女子为主要劳动力的农业变为以男子为主要劳动力的农业；石器加工和制陶工艺的发展，使手工业至少已部分地从农业中划分出来，成为独立的生产部门，掌握一定专门技术的手工业者，在氏族中有着比其他成员更突出的地位；而分工与交换的发展，出现私有制、财富分配及社会关系的不平等，使原始氏族制开始瓦解。

石峡文化中后期，社会经济、技术有了新的发展，出现了若干属于外来形制的陶器（如高柄杯、薄胎黑陶壶、贯耳黑陶壶等），专用兵器（如镞、钺等）以及某些特殊用途的器物（如石琮等），社会内部的关系发生了大的变化，有了类似阶级社会的"士""庶"之分，生产手段与财富开始集中于少数人之手，并与暴力垄断相结合，出现了阶级社会的特征。社会分裂为剥削者与被剥削者、压迫者和被压迫者的条件已初步具备，原始社会走向最后阶段。

远古时代的人类，活动地域的自然条件不同，获取生活资料的方法不同，他们的生活方式也各有特色。当时，人们以血缘为纽带强固地维系着氏族、部落的内部关系，所以不同的氏族、部落所遗留的物质文化遗存有其独有的特征。

石峡文化是岭南地区新石器时代晚期文化的典型，它为我们研究原始社会瓦解总过程提供了一批阶段性的重要资料。在石峡文化遗址，除了发现有大量动物骨骼以及锛、铲等重要农业生产工具外，还有不少炭化的米粒、稻谷、稻壳、稻秆等散见于墓葬、灶坑、窖穴和作为建筑遗存的烧土块中。在许多遗址中，还发现了不少动物骨骼。锛、铲等重要农业生产工具的大量出现，说明石峡文化时期岭南地区已经由以狩猎和捕鱼为主转为与锄耕农业并行。当时的狩猎活动比较盛行，而植物采集和处理活动也占据一定比例。

（一）石峡文化遗址发现的水稻

根据石峡文化遗址出土物判断，石峡文化时期主要的饲养动物包括牛、猪等偶蹄动物，除了采集野生植物作为食物获得来源外，当时的先民已经掌握水稻栽培技术，稻作农业已成为当时粮食来源的主要生产方式，处于辅助地位的是狩猎、捕捞、采集，可以说石峡文化时期是一个发达的锄耕农业社会时期。除了极少的一些动物骨骼和猪、牛类牙齿外，在石峡文化遗址中发现的动物遗存比较少，其原因可能是曲江马坝处于华南地区丘陵，受酸性土壤影响，动物化石难以保存。相对于动物遗存，植物种子都已炭化（图2-19），反倒有不少保存，发现的植物主要包括水稻、山枣、核桃等。

图2-19 炭化的稻谷

发现于石峡文化遗址的稻作有两种情况：一种保存于灶坑和窖穴内。如在石峡文化遗址的中层一个灶坑的硬烧土块中就发现了稻壳；在石峡文化遗址的下层一个马蹄形灶坑坑口周围的几块烧土中发现了掺拌稻壳的碎断稻秆；在石峡文化遗址的一个长方形灶坑堆砌的泥巴中也同样发现稻谷遗存；在石峡文化遗址的一个圆角方形的窖穴的堆积中发现有数百粒炭化稻米，籽粒多保存完整。另一种发现于石峡文化遗址的中层、下层的硬烧土块中，其中掺拌有稻壳和稻草，说明当时的建筑材料是用稻壳、稻草与拌泥加火焙烤而成的。发现于墓葬里的稻作也有两种情况：一种情况是在墓葬内保存有谷粒或米粒，大多属于石峡文化遗址下文化层的二次葬深穴墓，绝大多数墓底二次葬的随葬品旁边发现有稻谷或米粒，基本上已炭化为黑色，应是一种祭奠品；另一种情况是在石峡文化遗址的中文化层一次墓葬的墓底涂抹的一层泥巴中，发现了掺拌稻壳的碎断的稻草（表2-6）。

表2-6　石峡遗址发现的水稻遗存情况

发现处	种类	存在地	所属文化层	用途
灶坑（马蹄形、长方形）	稻壳	硬烧土块中、堆砌的泥巴中	中文化层	稻谷壳和稻草掺拌在硬烧土块中，说明当时是用稻壳、稻草与拌泥加火焙烤当建筑材料
	稻壳和碎断稻秆	马蹄形灶坑坑口周围的几块烧土中、硬烧土块中	下文化层	
窖穴（圆角方形）	发现有数百粒炭化稻米，籽粒多保存完整	堆积中	/	/
墓葬	掺拌稻壳的碎断的稻草	掺拌于墓底涂抹的一层泥巴中	中文化层	稻壳和碎断的稻草掺拌于泥巴中，主要用于墓的修建
	稻谷或米粒，基本上已炭化为黑色	/	下文化层	一种祭奠品

石峡文化遗址的中文化层、下文化层及其墓葬中发现的稻谷遗迹，包括稻粒、米粒、稻壳和稻秆。在二次葬墓和窖穴中普遍出土了保存比较完好的米粒，这在全国其他地区原始社会遗址和墓葬中并不多见。出自墓葬及下文化层的，属于新石器时代晚期，根据碳-14测定数据，可确定为距今4500—4300年。[①]

通过对石峡文化遗址出土的水稻及其当时的用途进行分析可知，石峡文化时期水稻在当时的用途除了供人们食用以外，还可以用来做建筑材料、燃料以及随葬品，说明石峡文化时期水稻在当时先民生活

① 向安强. 五岭少数民族地区史前稻作文化［M］//万辅彬，巴莫尔哈. 弘扬民族科技促进西部开发：第五届中国少数民族科技史国际研讨会论文集. 南宁：广西民族出版社，2002.

中占据着非常重要的地位，特别是水稻以随葬品形式出现在墓葬中，表明当时人们特别重视水稻，其作为随葬品是为了显示财富或者是一种习俗。在墓葬中发现水稻、山枣、核桃等随葬品，说明除了捕猎活动外，采集水果和坚果、从事农业生产劳动已经成为当时人们的主要活动内容。

（二）石峡文化遗址出土的生产工具

石峡文化遗址出土的生产工具以石器为主，主要有锛、铲、凿、斧、砺石、锤、镬、磨盘、研磨器、饼形器，主要狩猎工具和兵器有石镞、石矛、石棒等（表2-7）。石锛、石铲都是重要的农业生产工具。石铲均穿孔，呈扁平长方形或长身形。石锛按形制可分为长身形、梯形、有段、双肩四种，后两种石锛颇具特征。共发现石镞500多件，其形制多样，除作狩猎工具外，还可作兵器。

表2-7　石峡文化遗址出土的石器工具种类和数量统计①

类别	种类	地层出土	墓葬出土	地层出土比例	墓葬出土比例
生产工具	斧	8	0	1.2%	0%
	锛	351	151	52.3%	16.2%
	凿	23	34	3.4%	3.7%
	砺石	112	11	16.7%	1.2%
	锤	2	2	0.3%	0.2%
	镬	17	20	2.5%	2.2%
	铲	6	21	0.9%	2.3%
	磨盘	0	6	0.9%	0%
	研磨器	8	0	1.2%	0%
	饼形器	2	0	0.3%	0%
狩猎工具和兵器	石矛	0	2	0%	0.2%
	石镞	136	649	20.3%	69.8%
	石棒	0	2	0%	0.2%
	打制石片	0	38	0%	4.1%

① 陈伟驹. 岭南地区新石器时代文化的时空框架与生计方式研究［D］. 长春：吉林大学，2016.

据表 2 - 7 可知，地层出土石器和墓葬出土石器的种类和比例稍有差异，地层出土石器中以锛最多，占 52.3%，超过一半，而其在墓葬出土石器中的比例仅为 16.2%；石镞占地层出土石器总数的 20.3%，却占墓葬出土石器总数的 69.8%。锛和石镞皆为实用器，无论在地层中还是墓葬中，这两种石器数量和比例都是最高的。

地层出土石器中石镞数量较多表明，石镞在日常生活方面发挥着重要的作用。由于石峡文化遗址未见到任何战争的迹象，推断其应该是作为狩猎工具使用的。如果再考虑到石镞是一种消耗性的工具，而石峡文化地层和墓葬中皆出土大量石镞，应可以推断狩猎在当时生计方式中占据着十分重要的地位。[1]

除此之外，镬和铲也是与稻作农业相关的工具。镬为弓背形长条形的石器，具有明显的刃部，可推断其属破土工具类，既可能是稻作工具，也可能仅仅是挖掘根茎或者其他植物的工具。铲的器身很薄，无论是地层还是墓葬中出土的皆很少有明显的使用痕迹，与农具或者说破土工具的形态和痕迹不符，似乎更接近"钺"。

在石峡文化遗址地层出土的石器中，还有少量研磨植物的研磨器和饼形器。有研究者对江西樊城堆文化的一件研磨石器（石杵）进行淀粉粒分析发现，在石器上所提取到的 60 粒淀粉中，有 32 粒属于薏米、4 粒属于豆类、2 粒属于苏铁科根茎类、3 粒属于禾本科。由于樊城堆文化与石峡文化地理位置相邻、面貌和生态环境相似，其相似工具所处理的植物种属及其多样性对于理解石峡文化研磨器的功能或者当时人们的植物利用情况是具有一定参考性的。[2] 石峡文化遗址出土的石器工具的具体用途如表 2 - 8 所示：

---

① 陈伟驹. 新时代的生计方式：基于岭南地区的分析 [M]. 北京：社会科学文献出版社，2020.

② 陈伟驹. 新时代的生计方式：基于岭南地区的分析 [M]. 北京：社会科学文献出版社，2020.

表2-8　石峡文化遗址出土的石器工具用途

类别	种类	用途
耕作用具	石锛	石锛是磨制石器的一种。石锛打磨光滑，包浆厚重，中间偏上有一个圆形钻孔，圆孔直径约1厘米，装上木柄可用来砍伐、刨土
	镬	弓背形长条形石器，具有明显的刃部，从造型上看是一种破土工具，既是稻作工具，也可能仅仅是挖掘根茎或者其他植物的工具
	石铲	可能用于某种仪式
	磨盘	和磨棒配套使用，以碾碎放在盘面上的谷物
	磨棒	和磨盘配套使用，以碾碎放在盘面上的谷物
	研磨器	用于研磨稻谷
	饼形器	用于研磨稻谷
狩猎工具和兵器	石斧	用作兵器、用于砍砸或用于某些仪式
	石矛	用于捕猎动物
	石镞	主要的狩猎工具

石峡文化遗址还出土了大量陶器。这些陶器的制作大都为轮制和模制，器形以三足器、圈足器和圜底器为主，平底器很少。常见的器形有瓦形足的子母口盘式鼎、凿形足的子母口盘式鼎、斧形鼎、釜、三足盘、圈足盘、圈足壶、豆、罐、瓦形足、大袋足、三角形镂孔足子母口的浅腹三足盘、瓦形足子母口的浅腹三足盘、圈足南瓦、杯盂、瓮、子母口浅腹镂孔大圈足盘、子母口长颈圈足壶、子母口短颈圈足壶。① 其颜色大多为灰褐色和灰黄色。器表常见的纹饰有绳纹、附加堆纹、方格纹、旋涡纹、条纹、曲尺纹和弦纹等，已具有几何印纹陶的特征。

（三）石峡文化遗址栽培稻遗存与世界栽培稻起源

栽培稻是世界上重要的粮食作物，据联合国粮农组织（FAO）统计，2020年全球的稻谷播种面积为24.63亿亩，总产量达7.57亿吨。我国2020年稻谷播种面积为4.51亿亩，占全球比重的18.31%，位列

---

① 向安强.广东史前稻作农业的考古学研究［J］.农业考古，2005（1）.

全球第二（仅次于印度）；稻谷产量为 2.12 亿吨，占全球比重的 28.01%，位列全球第一。[①] 我国是水稻播种大国，水稻播种约占粮食总播种面积的 1/4，占粮食总产量的一半。水稻是我国人民的主食。

公元前 1300 多年殷代甲骨文中的"耤"字即"稻"字的前身，象征一丛粗壮的稻苗，它比公元前 1000 年印度的"阿阇婆吠陀"赞美诗中所见的"稻"字早 300 年。战国时的《山海经》即有对野生稻的记载："西南黑水之间，有都广之野，后稷葬焉。爰有膏菽、膏稻（野生稻）、膏黍、膏稷，百谷自生，冬夏播琴（殖）。"东汉《说文解字》有"禾，木也"的记载。另外，《酒诰》载"酒之所兴，肇自上皇"（上皇即人类先祖），《吕氏春秋》有"仪狄造酒"（仪狄是夏禹时代人），《事物纪原》载"少康作秫酒"（少康即杜康，殷商时人，秫酒为糯米酒）。可见酿酒至少有四五千年历史，稻的栽培应在其先。

历史上，西方学者一直认为印度是最先栽培稻的国家，直至 1883 年，瑞士植物学家德堪多（Alphonse de Candolle）的《栽培植物起源》才提出，中国稻作可能先于印度，印度稻作可能始于阿利安族（Aryan）入侵时，因为稻的名字出现于梵文中。而印度语、古希腊语、阿拉伯语中的"稻"字均起源于梵语。印度人马赫迪哈桑（Mahdihassan）1950 年的语言学论文曾提到稻属的拉丁文 Oryza、希腊语 oruza、坦密尔语 Arisi 均发祥于中国宁波方言 Ou-li-zz（意指"好吃的食物"）。可见，中国稻作先于印度，中国至少在距今 4000 多年前的神农时代就开始有栽培稻了，至于非洲稻的栽培史则比亚洲稻晚得多。

世界上的栽培稻有两种，即亚洲稻和非洲稻。栽培稻起源于野生稻，早在 1932 年，杰瓦利尔（Chevalier）就提出了多年生野生稻（*Oryza perenhis*）是亚洲稻和非洲稻的共同祖先。1960 年，利契哈利亚（R. J. Riehharia）进一步提出了世界上所有栽培稻都起源于一个野生多年生稻种，其亚种广布于亚洲、非洲、美洲。1976 年，张德兹（T. T. Chang）从生物分类学、进化学、生物地理学、考古学、历史学、人类学、古地质学及气象学上得到证据，提出亚非稻在远古有共同的祖先，其进化过程是"多年生（野生稻）——一年生（野生稻）——一年生（栽培稻）"[②]。

---

①　数据源自联合国粮农组织（FAO）官方统计结果。

②　胡琼波．栽培稻漫谈［J］．知识就是力量，1994（2）．

据广东省农业科学院粮食作物研究所、华南农业大学等单位鉴定，石峡文化堆积中出土的水稻属于人工栽培种（Oryza sativa L.），已脱离了野稻特征，正处于从原始栽培稻向现代稻种过渡阶段，正在分化为籼稻和粳稻杂合栽培种群阶段。①

石峡文化遗址出土的 150 粒谷粒中，47 号墓谷粒印痕细长，长宽比为 2.25 倍，是籼稻型。个别粒型稍宽，但很扁，仍属籼稻。经鉴定属于人工栽培稻，而且已包括籼型稻（籼亚种）和粳型稻（粳亚种），以籼型稻为主。42 号墓谷粒长宽比为 2.05 倍，但米粒较宽，似粳稻，石峡文化遗址遗存的粳型米粒（南方粳）有些可能属于粳糯（俗称大糯）。如果当时确有粳糯，也就是有了粘稻、糯稻之分。许多籽粒不够饱满，大小不一，反映了当时品种纯度较差，种植技术还比较原始。

研究者对石峡文化遗址发现的栽培稻遗存归纳分析如下：①石峡文化遗址的中文化层、下文化层及其墓葬中发现的稻谷遗迹，包括稻粒、米粒、稻壳和稻秆。在二次葬墓和窖穴中普遍出土了保存比较完好的米粒，这在全国其他地区原始社会遗址和墓葬中是不多见的。②石峡出土的新石器时代稻谷，经鉴定属于人工栽培稻，而且已包括籼型稻即籼亚种（O. S. L. Subsp. hSien Ting）和粳型稻即粳亚种（O. S. L. Sudsp. keng Ting），以籼型稻为主。③石峡遗存的粳型米粒（南方粳）有些可能属于粳糯（俗称大糯）。如果当时确有粳糯，也就是有了粘稻、糯稻之分。④许多籽粒不够饱满，大小不一，反映了当时品种纯度较差，种植技术还比较原始。⑤按目前的分期，出自墓葬一、二、三期及下文化层的，属于新石器时代晚期；根据碳-14 测定数据，可定为距今 4500—4300 年。

（四）中国是世界最古老的栽培稻故乡

中国是野生稻的重要分布区，是最古老栽培稻的故乡（表 2 - 9）。1917 年梅里尔（Merrill）在广东罗浮山麓至古龙平原发现了野生稻。1926 年，丁颖在广州市东郊犀牛尾沼泽地发现野生稻，继而又在广州外围的惠阳、增城、三水有所发现。此外，雷州半岛、海南岛、广西西江流域及台湾岛均发现了野生稻，可见我国野生稻分布之广。中国

---

① 现代稻经历了多年生（野生稻）、一年生（野生稻）、一年生栽培稻、原始栽培稻、籼稻和粳稻杂合栽培种群、现代稻种六个阶段。

野生稻主要是多年生野生稻（*Oryza perenhis*）、一年生野生稻（*Oryza sativa*）、优粒野生稻（*Oryza meyeriana*）和药用野生稻（*Oryza officinalis*）四种。[1] 1949 年，位于河南省三门峡市渑池县仰韶村仰韶文化遗址发现公元前 2600 多年的稻谷和稻叶遗物。20 世纪五六十年代，我国考古工作者在湖北京山屈家岭、上海青浦松泽、江西修水跑马岭、江苏无锡仙兹墩、浙江吴兴钱山漾等地都发现了距今四五千年前的稻作为证据。20 世纪 70 年代以来，有关专家又在浙江余姚河姆渡遗址发现距今七千年的籼稻；在江苏苏州草鞋山发现距今六千年的籼稻和粳稻；在河南郑州大河村、广东马坝石峡和台湾等地发现了距今四五千年的籼稻和粳稻。近代优质稻种"马坝油粘"可能就是马坝人长期培育的产物。

表 2-9　中国野生稻的分布

发现年份	省份	发现地	距今年代（年）
1917 年	广东省	罗浮山	/
1926 年	广东省	珠三角广州东郊犀牛尾沼泽地，惠阳、增城、三水	/
1926 年	广东省	粤西雷州半岛	/
1949 年	河南省	渑池县仰韶村	2600
1950—1960 年	湖北省	京山屈家岭	5000—4000
1950—1960 年	上海市	青浦松泽	5000—4000
1950—1960 年	江西省	修水跑马岭	5000—4000
1950—1960 年	江苏省	无锡仙兹墩	5000—4000
1950—1960 年	浙江省	吴兴钱山漾	5000—4000
1970—1980 年	浙江省	余姚河姆渡遗址	7000
1970—1980 年	江苏省	苏州草鞋山	6000
1970—1980 年	河南省	郑州大河村	5000—4000
1970—1980 年	广东省	韶关曲江马坝	4500—4300
1970—1980 年	台湾地区	台湾	5000—4000

① 丁颖. 中国栽培稻的起源问题 [N]. 文汇报, 1961 - 09 - 26.

（五）石峡文化遗址及广东发现栽培稻遗存的情况

1. 锄耕农业和栽培稻作在粤北山地出现较早

根据测定，石峡文化遗址下层文化层中窖穴的炭化米粒标本从外观看，大部分籽粒非常完整，米粒形状轮廓清楚，表面的纹理和米沟深浅可见，大部分米胚已脱落，个别米粒还可见米胚。全部米粒已炭化。标本的米粒形状大致可分两种类型：一种籽粒较窄，长度5.1~5.8毫米，宽度2.5~2.9毫米，厚度1.7~2.1毫米，与现今常为食用的籼稻品种非常相似。另一种籽粒较宽，长度为4.9~5.3毫米，宽度3.0~3.2毫米，厚度2.1~2.4毫米，与南方粳稻品种粒形接近，可见当时的品种籽粒较短，从粒形看包括籼、粳两大类。在这两类之间，不同长、宽、厚度的米粒都有，反映当时品种比较混杂，纯度较差，人工栽培程度较为原始。

石峡文化遗址下层文化层中窖穴的籼型米粒平均长度为5.47毫米、宽度为2.73毫米，长宽比为2.004倍，厚度为1.96毫米，接近于现今广东省米粒长短分级标准中的短粒；粳型米粒的平均长度为5.10毫米、宽度为3.11毫米，长宽比为1.625倍，厚度为2.22毫米，接近于现今广东省米粒长短分级标准中的最短粒。按照现今广东省糙米的长宽比分级标准，石峡文化遗址下层文化层中籼型米粒的长宽比接近于现今广东省的宽粒，粳型米粒的长宽比接近于现今广东省的最宽粒，基本上是籼稻。

从目前的发现来看，锄耕农业和栽培稻作在粤北地区出现较早。如石峡文化遗址的窖穴、灶坑和墓葬以及相当于石峡文化遗址的马坝泥岭遗址，都出土不少栽培稻遗迹，稻米品种以籼型稻为主，也有粳型稻，农具有石镘、石斧、石锛、石铲和石磨盘等。

石峡文化遗址是一处具有相当规模的定居的农耕部落。石峡文化遗址出土大量的铲、锛、凿等生产工具，属于农具的主要有石铲、石凿以及一部分较大器形的石锛。石峡文化遗址的石铲和石锛，多与稻谷共存于墓葬中。石锛的特点是长身弓背、两头有刃、上刃窄、下刃宽，窄刃一头身短、宽刃一头身长，与如今的铁镐类似，这种比较厚重的石锛可以用来掘土和垦殖，若与石铲配合，或可用于开挖沟渠。石铲为扁平长身，呈梯形或近于长方形，梯形的较为宽大，长方形的较为窄小，均通体磨光，近首部中央穿有一孔，铲刃多平直或微弧，

相当锐利，主要用于松土、翻土。值得一提的是，类似的石铲广泛见于长江流域新石器时代的稻作文化遗址，其出现和盛行时间大体是在距今五千年。这显然是与以原始农业的种植经济特别是栽培稻的种植发展相适应的。在石峡墓葬第三期，已经出现财产私有和贫富分化现象，特别是随葬栽培稻谷和石铲等农具的墓，大多数是男性墓，证明当时已处于父系氏族社会的阶段。而发达的锄耕农业是父系氏族社会中主要和基本的经济支柱。

2. 广东新石器时代晚期栽培稻遗存情况

广东新石器时代晚期栽培稻遗存的发现相对较多，主要集中在粤北石峡文化分布区域内，石峡文化分布区内都或多或少地发现有栽培稻遗存，其中又以石峡文化遗址最为典型。另外，在粤西地区的肇庆封开广信河遗址也有新石器时代晚期栽培稻遗存出土。

粤北的石峡文化遗址发现的栽培稻遗存，是广东考古学史上最先发现的新石器时代稻作农耕文化。当时它的发现填补了珠江流域新石器时代栽培稻发现史上的空白，其重要意义不言而喻。它的发现把广东地区种植栽培稻的历史上溯至 4500 年前的原始社会晚期，它的发现还为研究珠江流域、华南地区栽培稻种的起源、演变及其传播增添了重要的实物资料。石峡地区发现的新石器时代栽培稻主要是籼稻，而籼稻是直接起源于野生稻的。因此，石峡地区新石器时代栽培稻特别是籼稻的发现，可能为研究它与珠江流域乃至华南地区广泛分布的野生稻之间的关系提供了线索。石峡文化遗址发现大量的栽培稻遗存，结合石峡文化遗址的聚落形态、石质农具、墓葬及其他文化遗物的特征，可以清楚地看到曲江石峡文化的原始农业已经进入以男性为主要劳动力的锄耕农业阶段，农业已成为当时的主要生产部门，栽培稻已是重要的农作物。

粤西封开广信河遗址出土的新石器时代晚期栽培稻遗存，亦有重要的学术价值和意义。它的出现，填补粤西地区史前稻作农业考古的空白，修正了人们关于广东只在粤北石峡文化中存在栽培稻的成见。结合该地区簕竹口遗址发现的新石器时代中期的水稻硅质体可以推断，粤西地区也是广东史前时期的栽培稻种植区域。

此外，珠江、韩江、西江等地的山岗、台地遗址，从农具看，也应出现了锄耕农业。如揭阳新亨区龙车溪一处山岗，发现了一件方格纹硬陶器上，印有清楚的稻穗，大穗中的稻粒达23颗。不过，沿海一带的贝丘、沙丘遗址，捕捞、渔猎仍占重要地位。但至迟在4000年前的末期，已出现了家猪、家狗，可能还有牛的饲养。在东莞龙江村、佛山河宕、高要孝岗等地，都发现了不少猪、牛的骨骼。佛山西樵山发现的采石场、石器制作场中的双肩石斧、铲等，石峡文化墓葬出土的大量形制规整的石锛、铲（斧）、钺、镞、环、璜、玦、琅等装饰品以及陶盘鼎、三足盘、圈足盘等，说明这里可能也存在一定产量的农耕种植业，这些都使人们对广东新石器时代晚期栽培稻遗存有了更进一步的认识。但这里的稻作农业考古工作还有待加强，也许在更深层次的考古中，栽培稻的种植历史还能向前推进。

3. 广东史前栽培稻的发展情况

综上所述，广东史前稻作农业文化可能肇始于距今一万年前的粤北新石器时代早期（英德牛栏洞水稻种植情况非常模糊），但这种可能尚须今后更多的发现与研究去认定；随之，栽培稻的种植同时出现在粤北（前石峡文化遗存）和粤西（蟛竹口遗址）的新石器时代中期；最后，栽培稻种植在粤北（石峡文化遗址）和粤西（广信河遗址）地区有所发展，特别在粤北地区有较大规模的发展，且出现了比较成熟的稻作农耕聚落（石峡文化遗址）。

但是广东史前栽培稻的分布范围应超过现今已被考古发现所昭示的粤北和粤西地区，而有可能波及以渔猎经济为主的珠江三角洲及粤东等地区。深圳黄梅沙发现的炭化粮食锅巴遗存和揭阳新亨区龙车溪山岗遗址发现的稻穗印痕就强烈地向我们暗示了这里在史前时期可能也存在局部的、规模有限的农耕种植业，包括栽培稻种植（表2-10）。

表 2 – 10　广东史前栽培稻遗存情况

地区	地点	稻作遗存	出土农具	特点
粤北	石峡文化遗址的中、下层文化层，以及不少墓葬	炭化稻米（籽粒多保存完整，可看出米胚和稻壳、稻草秆秫）	石镵、石斧、石锛、石铲和石磨盘、石凿等生产工具	1. 栽培稻遗存主要是籼稻，而籼稻是直接起源于野生稻，是广东考古学史上最先发现的新石器时代稻作农耕文化 2. 石峡墓葬第三期随葬栽培稻谷和石铲等农具的墓，大多数是男性墓，证明当时已处于父系氏族社会阶段
	马坝泥岭遗址	栽培稻遗迹，稻米品种以籼型稻为主，也有粳型稻	石镵、石斧、石锛、石铲和石磨盘等	/
	英德牛栏洞遗址	非籼非粳水稻硅质体	打制石器、少量磨制石器和陶片	出土距今 1.4 万年稻作遗存，此穴居遗址的古人可能已具有最初级的水稻栽培原始农业萌芽
粤西	封开广信河遗址	新石器时代晚期栽培稻遗存	/	/
	封开县封川镇簕竹口遗址	新石器时代中期的水稻硅质体	/	/
粤东	揭阳新亨区龙车溪山岗遗址	一件方格纹硬陶器上印有清楚的稻穗，大穗中的稻粒达 23 颗	/	可能存在局部的、规模有限的农耕种植业，包括栽培稻种植

韶文化研究丛书

下篇　石峡文化

地区	地点	稻作遗存	出土农具	特点
珠三角	深圳黄梅沙	炭化粮食锅巴	/	可能存在局部的、规模有限的农耕种植业，包括栽培稻种植

五、前石峡文化与石峡文化

（一）前石峡文化的特点

1985 年，考古工作者再次发掘广东曲江石峡文化遗址，在遗址最下层发现了一层墓葬文化层，对其年代进行测定，发现其形成时间在石峡文化的墓葬文化层之前，所以称之为"前石峡文化"。前石峡文化遗存出土的绳纹划纹罐和矮圈足盘，在石峡文化墓葬中没有发现。前石峡文化遗存出土的圈足盘，形制与珠江三角洲新石器中期的彩陶盘及湖南安乡汤家岗大溪文化印纹白陶盘颇为相近，所以推测前石峡文化遗存的年代，在距今 6000—5500 年前。

研究者对前石峡文化遗存的居住生活遗迹进行仔细观察，惊奇地发现许多完整的栽培稻稻壳和炭化稻米。从磨制的笨重石铲的出现到相当轻便锐利的铲、锄类石质生产工具加工技术的发展过程，估计发生在距今六千年前后。在此之前，人们还只是用安装了木柄的锤斧、石磷等作为砍伐树木的工具，当时的农业还处于"刀耕火种"（或叫"砍倒烧光"）的阶段。用于起土、翻土，疏松土壤的工具出现之后，锄耕农业逐渐代替了原始农业。原来以女子为主要劳动力的农业生产变为以男子为主要劳动力的农业生产，从而使社会关系也随之发生相应的变化，即恩格斯在《家庭、私有制和国家的起源》中所说的"毫无例外地一直盛行到野蛮中级阶段（指农业与手工业大分工之前）的原始共产制的共同家庭经济"。从上述生产技术的发展中既可以看到这种社会经济形态存在的条件，又可以从石峡文化早期阶段的随葬品出现的差异中，看到人与人之间的平等关系在发生变化，反映出原始

公社氏族制解体过程的开始。①

石器加工工艺的进一步发展，除表现于农用工具的改进与多样化之外，还表现于专用木工工具（如小石磷、圆刃锉刀等）与多种型号的石镞以及玉、石类饰品的出现。此外，制陶工艺的进一步发展，出现全轮制小型陶钵与陶器印纹的多样化。值得注意的是，随葬多种木工专用工具的主人在墓制与随葬品方面，均比同时期其他墓葬更为突出（如墓坑特大、积炭多、殊红多、烧土壁、有二层台，承托葬具，填土夯打；随葬品特别多，包括贵重玉器、其他生产工具、成组陶器），说明手工业至少已部分地从农业中分化出来，成为独立的生产部门。而这种掌握一定专门技术的手工业者在氏族中享有比其他成员更突出的地位。随着分工与交换的发展，出现私有制、财富分配及社会关系的不平等。但除去少数人的特殊化之外，在其余多数人之间则仍保持着大体的一致。由此可见，这一社会关系的变化只能理解为是分工、交换以及私有制产生的结果。原始氏族制的解体还处于开始阶段，即石峡文化的前期所反映的社会发展阶段。

石峡文化的后期，社会经济、技术有了新的发展。出现若干种显然属于外来形制的陶器（如高柄杯、薄胎黑陶壶、贯耳黑陶壶等）、专用的兵器（如镞、钺）以及某些特殊用途的器物（如石琮等）。墓葬形制与随葬品种类的不同，明显反映出社会关系的新变化，并出现等级划分。第一类是随葬石钺、伴以若干特殊玉石器（璜、环、玦等）；第二类主要是随葬木工专用工具，伴以石琮、石带状环以及外来形制的陶器等；第三类是随葬少量生产工具或无生产工具，另有少量一般日用陶器。与前期明显不同的是，随着经济文化交流范围与规模的扩大，社会内部的关系发生了大的变化，有了类似阶级社会的"士""庶"之分。原始公社氏族制的解体过程又进入一个新阶段。

随着社会经济的进一步发展，在前石峡文化中又表现为以下这些特点：

（1）前石峡文化层发掘出的陶器可以分为夹砂陶和泥质陶。夹砂陶夹细砂，以直口鼓腹圆底罐为代表，多数器形都不够大，细绳纹、蓖划纹装饰着颈口和器身，大多数出土物都不太完整。泥质陶一类为矮圈足盘，圈足上有小圆镂孔和刺点纹，颜色为橙黄，有的出土器物

① 苏秉琦. 石峡文化初论［M］//苏秉琦考古学论述选集. 北京：文物出版社，1984.

比较完整；另一类是陶罐类，器形比较大，颜色为橙黄或灰褐。

（2）生产工具成为常见的随葬品：随葬品中有多种木工专用工具，墓坑的容积特别大，墓坑中的积炭比较多，墓坑的四壁为烧土壁，四壁上有二层台用来承托葬具，墓坑为填土夯打方式；随葬品的种类比较多，包括许多贵重玉器以及众多的生产工具，还有成组的陶器，说明手工业已经部分地从农业中分化出来了。

（3）随着形状的改进，生产工具在形制上的变化反映了功能的改进：斧、锛类器身减薄、锋刃加宽，刃呈弧形；锄、铲类工具的外面呈弧形，里面平凹，使入土锐利；部分斧类的亚腰更加明显，接近金属斧形制，所有器类前后两部分的比例或比重更加合理有效，如钺加栏，更接近青铜钺的形状。玉（石）琮向加高、多层（节）发展（图2-20、图2-21、图2-22）。

（4）石器的加工工艺得到明显的提升，玉石加工工艺明显精细化。前石峡文化遗存发现了小石磷、圆刃锉刀等专用木工工具，也发现了多种型号的石镞以及玉、石类饰品，显示出前石峡文化时期制陶工艺的发展，全轮制小型陶钵的出现与陶器印纹的多样化，说明石器的加工工艺得到明显的提升。玉石工艺的发展进入新阶段，如雕刻精细花纹的玉（石）琮、动物形象的玉坠、水晶玦的制作（图2-23、图2-24）。

图2-20　玉环

088

图 2 - 21　玉珠

图 2 - 22　玉琮

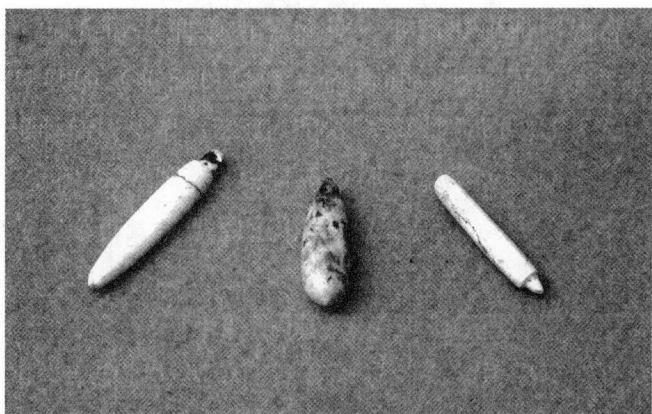

图 2 - 23　玉坠

图 2-24　水晶玦

　　（5）墓葬反映了阶级分化的倾向。墓葬可以分为四类：第一类主要随葬品是石镞和钺，伴以成组玉器、大量生产工具及成组陶器，墓坑伴以玉石瑗、环、坠等及成组陶器；第二类主要随葬品是石镞，伴以相当数量的生产工具，墓坑规模较小；第三类只随葬少量生产工具，伴以少量陶器，墓坑规模更小；第四类只随葬少量陶器。这四类墓葬的明显差别在于前两类集中地随葬大量兵器与生产工具，以及象征主人具有特殊地位的钺与琮及其他贵重物品，后两类则只有少量生产工具和陶器而无任何兵器及贵重物品（表 2-11）。

表 2-11　前石峡文化墓葬的类型

类型	主要随葬品	墓坑规模	特点
第一类	主要随葬品伴以玉石瑗、环、雕刻精细花纹的玉（石）琮、动物形象的玉坠、成组玉器等贵重物品，以及大量兵器和生产工具及成组陶器	墓坑特殊，墓坑规模大于其他三类	第一类、第二类集中地随葬大量兵器与生产工具，以及象征主人具有特殊地位的琮及其他贵重物品，说明生产工具与财富集中于少数人之手，与暴力垄断相结合，这是阶级社会的特征
第二类	主要随葬石镞，伴以相当数量的兵器和生产工具	墓坑规模小于第一类墓葬	

（续上表）

类型	主要随葬品	墓坑规模	特点
第三类	只随葬少量生产工具，伴以少量陶器，无任何兵器及贵重物品	墓坑规模小于第一类、第二类墓葬	第三类、第四类随葬品只有少量生产工具和陶器而无任何兵器及贵重物品。社会分裂为剥削者与被剥削者、压迫者与被压迫者的条件已初步具备，原始社会的解体到了最后阶段
第四类	只随葬少量陶器，无任何兵器及贵重物品	墓坑规模最小	

从前石峡文化墓葬出土物可以看出，这个时期生产手段与财富已经集中于少数人之手，开始出现阶级社会。社会开始分化剥削者与被剥削者、压迫者与被压迫者，原始社会到了最后阶段，封建社会已经有了雏形。类似石峡文化所反映的原始社会解体的两个大阶段的发展过程的出土物，在我国其他新石器晚期诸文化中还是罕见的。

（二）前石峡文化遗存与石峡文化遗存的区别

广东韶关始兴发现的属于几个不同发展阶段的新石器早期文化遗存，它的较后阶段在年代和文化上，跟石峡文化大致是相接的，被称为"前石峡文化"，两者之间具有划时代的变化，主要体现在以下几个方面（表2－12）：

（1）两者的年代不同。据前文论述可知，前石峡文化繁盛于6000—5500年前；石峡文化主要繁盛于4700—4200年前。

（2）两类遗址分布的地理条件不同。前石峡文化分布在北江上游支流的水源地的盆地；石峡文化遗址则分布在北江干流支流附近的岗丘。

（3）前石峡文化较晚阶段新出现的石铲还很厚重，厚度不下1.5厘米；石峡文化中的较早阶段中出土的石铲或石锄的厚度一般几毫米到一厘米。前者陶器均属较厚重的手制砂陶；后者较早阶段出土的泥质钵类底部和盘、豆类的圈足部分可以见到印纹。

（4）原来以女子为主要劳动力的农业变为以男子为主要劳动力的

农业，农业从"刀耕火种"（或叫"砍倒烧光"）阶段开始向"锄耕农业"转变。

表2-12　前石峡文化遗存与石峡文化遗存的区别

	前石峡文化	石峡文化
距今（年）	6000—5500	4700—4200
主要分布地的地理条件	北江上游支流的水源地盆地	北江干流支流附近的岗丘
陶器	较厚重的手制砂陶	全轮制小型陶钵与陶器印纹的多样化
石铲、石锄特点	笨重厚钝	轻便锐利
石铲或石锄厚度	大于1.5厘米	小于1厘米
农作方式	以女子为主要劳动力的刀耕火种	以男子为主要劳动力的锄耕农业

在人类从猿到人的极其漫长的演变过程中，劳动起了决定性的作用，"劳动创造了人"，"劳动创造了世界"。生存在狮子岩旧石器时代的马坝人古人类，可比作"星星之火"，经过10余万年的繁衍生息，必然出现"燎原"之势。到了新石器时代，岩洞的穴居生活已满足不了人类的增长和原始社会发展的需要，随着古人类生产和生活的进步，必然要寻找更广阔的天地，向平原丘岗地区扩展。

新石器时代的前石峡文化和石峡文化原始村落的出现，绝非偶然，而是马坝人后代繁荣昌盛的必然结果。目前以石峡文化遗址为中心，附近的马鞍山、塔脚下、黄泥岗、圆墩岭、东华园等地，均发现了新石器时代晚期的山岗遗址点，可资证明。前石峡文化之后出现的石峡文化，不仅可作为岭南地区新石器时代晚期文化的一个典型，也为研究原始社会演变总过程的阶段性发展提供了一批重要资料。

总之，前石峡文化与石峡文化的发掘和研究的成果，显示出了新石器时代该地区先民的原始氏族制已经开始解体，私有制开始出现；掌握一定专门技术的手工业者，其地位在氏族中比其他成员更加突出；随着分工与交换的发展，出现私有制、财富分配及社会关系的不平等；在少数人特殊化的同时，其他多数人之间则仍保持着大体的一致性和平等性。

附录 名词解释

北京人

1929 年，在北京周口店的山洞里，中国考古工作者发现了一个完整的远古人类头盖骨化石，这就是名震世界的北京人。他们生活在距今 70 万—20 万年，还保留了猿的某些特征，但手脚分工明显，能打制和使用工具，会使用天然火。远古时代森林茂密，野草丛生，猛兽出没，北京人将石块敲打成粗糙的石器，把树枝砍成木棒，凭着极原始的工具同大自然进行艰难的斗争。在这样险恶的环境里，只靠单个人的力量，无法生活下去。因此，他们往往几十个人在一起，共同劳动，共同分享劳动果实，过着群居生活。这就形成了早期的原始社会。

山顶洞人

山顶洞人，中国华北地区旧石器时代晚期的人类化石。属晚期智人。因发现于北京市周口店龙骨山北京人遗址顶部的山顶洞而得名。山顶洞人于 1930 年发现，1933—1934 年由中国地质调查所新生代研究室裴文中主持进行发掘。与人类化石一起，出土了石器、骨角器和穿孔饰物，并发现了中国迄今所知最早的埋葬。其地质时代为晚更新世末期，据放射性碳素断代，其年代、环境和当时的情景相似。那时山上有茂密的森林，山下有广阔的草原。虎、洞熊、狼、似鬣猎豹、果子狸和牛、羊等生存于其间。在遗址里还发现鲩鱼、鲤科的大胸椎和尾椎化石，说明山顶洞人已能捕捞水生动物，把生产活动范围扩大至水域，这标志着人类认识和利用自然界的能力的提高。

良渚文化

良渚文化代表遗址为良渚遗址，距今5300—4500年。良渚文化分布的中心地区在钱塘江流域和太湖流域，而遗址分布最密集的地区则在钱塘江流域的东北部、东部。该文化遗址最大特色是所出土的玉器。挖掘自墓葬中的玉器包含璧、琮、冠形器、玉镯、柱形器等诸多器型。此外，良渚陶器也相当细致。良渚文化遗址中心位于杭州市区西北部瓶窑镇，核心部位于古城"反山、莫角山、汇观山，11条水坝"均在瓶窑境内。1936年发现的良渚遗址，实际上是良渚、瓶窑、安溪三镇之间许多遗址的总称，是虞朝子民聚居的地方。其年代为公元前3300年—前2000年，是长江下游良渚文化的代表性遗址，1959年依照考古惯例按发现地点良渚命名，是为良渚文化。遗址总面积约34平方公里。2012年良渚遗址被列入《中国世界文化遗产预备名单》，2018年1月26日，"良渚古城遗址"正式申报世界文化遗产。

樊城堆文化

樊城堆文化是新石器时代晚期的江西地区最重要的考古学文化。它得名于1977年发掘的江西樟树市樊城堆遗址。但最初的发现可追溯到1947年饶惠元先生在樟树筑卫城遗址的调查。樊城堆文化是赣江中、下游具有代表性的新石器时代晚期遗址，而且分布范围很广。

许家窑人

许家窑人是中国的早期智人化石。出土自山西阳高和河北阳原交界的许家窑村附近。距今约10万年。1974—1975年多次发掘。许家窑人化石有头骨碎片、上颌骨和牙齿约20件。其头骨骨壁的厚度、牙齿粗大和嚼面复杂的程度都像北京人。但更多的特征与早期智人相同。脑容量估计比北京人大。

长阳人

长阳人是中国华中地区旧石器时代中期的人类，属早期智人。长阳人距今年代约为19.5万年，介于猿人和现代人之间，与北京人末期年代相当，是中国长江以南最早发现的远古人类之一。长阳人的发现，

说明了长江流域以南的广阔地带也是中国古文化发祥地，是中华民族诞生的摇篮。长阳人是世界人类进化发展于古人阶段的典型代表，填补了人类考古学"中更新世后期"和"亚洲长江流域"的空白，也进一步否定了"中华文明西来说"。

丁村人

丁村人是中国北方的早期智人化石之一。丁村遗迹在山西省襄汾县南约 5 公里的丁村南的同蒲铁路两侧。1954 年进行大规模发掘时在汾河东岸共发现 10 个石器地点，还有 3 枚小孩牙齿和 1976 年发现的一块小孩顶骨残片。1976 年又在汾河西岸发现了新的石器地点。

金牛山

金牛山位于湖南的北部，桃花江从山旁流过，与桃花源一脉相承。靠近 319 国道、石长铁路、高速公路，距常德桃花源机场约 50 公里，交通方便，各类设施齐全，是一个优美的风景区，历史上被称为"旅游胜地"。

大荔人

大荔人是中国华北地区旧石器时代的早期智人。1978 年大荔人化石发现于陕西省大荔县段家乡解放村甜水沟附近的洛河第三阶地沙砾层中，故名。大荔人化石为一不足 30 岁的男性头骨。头顶低矮，前额扁平，眉嵴粗壮。吻部不甚突出，颧弓细弱，颅骨最宽处不接近颅底而在颞骨鳞部后上部。颞骨鳞部不呈三角形而呈圆鳞状，面部扁平。脑容量估计为 1 120 毫升。与大荔人化石同时出土的有石制品和哺乳动物化石，时代为中更新世末期，距今 20 万—15 万年。

元谋人

元谋人，因发现地点在云南省元谋县上那蚌村西北小山岗上，定名为"元谋直立人"，俗称"元谋人"。"元谋"一词出自傣语，意为"骏马"。元谋人牙齿化石是 1965 年五一劳动节在云南元谋县上那蚌村发现的，元谋县被誉为"元谋人的故乡"。1976 年根据古地磁学方法测定，元谋人生活年代约为 170 万年前，差距最多不超过前后 10 万年（也有学者认为其年代不应超过 73 万年，即可能为距今 60 万—50

万年或更晚一些）。约170万年前，云南元谋一带榛莽丛生，森森郁郁，是一片亚热带的草原和森林，先有枝角鹿、爪蹄兽等第三纪残存的动物在这里生存繁衍。再往后推移一段时间，则是桑氏鬣狗、云南马、山西轴鹿等早更新世的动物出现在这片草原和森林。它们大多数都是食草类野兽。为了生存下去，元谋人便使用粗陋的石器捕猎它们。根据出土的两枚牙齿、石器、炭屑，以及其后在同一地点的同一层位中发掘出的少量石制品、大量炭屑和哺乳动物化石，证明元谋人是能制造工具和使用火种的原始人类。

蓝田人

蓝田人即蓝田猿人。是中国的直立人化石，旧石器时代早期人类，属早期直立人，生活在中更新世、旧石器时代早期。1964年发现于陕西省蓝田县公王岭，命名为"直立人蓝田亚种"。

陈家窝人

1963年，在陕西省蓝田县陈家窝村附近，出土了一件直立人老年女性下颌骨化石，形态同北京人相似，据测定距今约50万年，晚于公王岭的蓝田人化石。有人将这件化石也称为"蓝田人"。但不少学者主张，这一名称以专用于公王岭的直立人化石为宜，而另把陈家窝的直立人化石称作"陈家窝人"。

安徽和县人

中国的直立人化石。1980—1981年发现于安徽省和县陶店镇汪家山北坡的龙潭洞。包括1个近乎完整的头盖骨、2块头骨碎片、1块下颌骨碎片和9枚单个牙齿。2017年研究表明，和县直立人可能代表一种残存的原始人类。

甑皮岩洞穴遗址

甑皮岩洞穴遗址位于广西壮族自治区桂林市南郊独山的西南麓，于1965年被人发现，洞内面积约400平方米，是一个宜于古人类居住的天然洞府。该遗址于1965年被发现，历经了1973年和2001年两次大规模的发掘。1973年第一次发掘，发现有火塘、灰坑等遗迹，石

器、骨器、蚌器、陶器和动物骨骼等遗物，另有 30 余具人骨遗骸，其中 14 具保存完整，"屈肢蹲葬"为其独特的现象。当时通过考古鉴定，认为该遗址距今为 9000—7500 年。2001 年 4—8 月，中国社会科学院考古研究所会同广西文物工作队和桂林文物工作队对甑皮岩洞穴遗址进行了新的发掘，出土了大批石器、陶器、骨器、蚌器等文物及 3 个"屈肢蹲式"墓葬。

此外，中外考古界在该遗址还发现了距今约 1.2 万年前的素面夹砂陶器，这是目前中国发现的最古老的陶器。素面夹砂陶器的发现，使甑皮岩洞穴遗址的年代向前提早了近 3000 年，而且为研究中国制陶业的起源和中国新石器时代的开端提供了重要依据。以上两次考古发掘，打破了中国南方古人类文明发展滞后的观点，证明甑皮岩洞穴遗址是距今 12000—7000 年之间桂林先民生活的中心场所。该洞穴遗址于 1981 年列为广西文物保护单位，2001 年列为国家级重点文物保护单位。

盐井沟遗址

盐井沟古生物化石遗址位于重庆市万州区新田镇高家村，距万州城区约 30 公里，长江南岸约 10 公里。属中生代三叠纪灰岩区，喀斯特地貌非常发育，溶洞、裂隙广布。盐井沟古生物化石遗址出土了大量保存完整的第四纪哺乳动物化石，在我国华南地区绝无仅有，同时保存了早更新世晚期至现代较为完整的生物氧化序列，为现代生物的起源氧化等问题研究提供了不可替代的材料支持。

观音洞遗址

观音洞遗址位于贵州省安龙县龙广镇七星村平广寨观音坡一天然溶洞内，是一处新、旧石器时代过渡时期的洞穴遗址，遗址面积约 1 200 平方米。观音洞遗址发现于 1985 年春天，1986 年试掘，1990—1991 年首次发掘，1995 年、1996 年进行了第二、三次发掘。几次发掘共出土打制石器、磨制石器、骨器、陶片、人类和动物遗骸等各类遗物 20 余万件，以及大量用火遗迹。其中人类遗骸 30 余件，石制品数以万计，骨制品近百件，陶片 20 余件，动物遗骸数量最多，计有 20 多个属种。遗址文化堆积厚约 5 米，可分 13 层，各层均有文化遗物出土。该遗址填补了贵州新石器时代早期文化的空白，对探索贵州乃至中国新、旧石器时代过渡问题具有着重要价值。2013 年 5 月，观音洞遗址被国务院核定公布为第七批全国重点文物保护单位。

罗坑动物群

罗坑镇地处广东省韶关市曲江县（今曲江区）的西南部，南北分别与英德市和乳源县为邻。罗坑圩位于该镇的中心部位，距曲江区马坝镇 58 公里（东经 113°16′，北纬 24°30′），是一个长约 8 公里、宽约 6 公里的山间盆地。出土动物化石地层结构比较简单，基本上可分成上、下两层，在它们之间往往有一层石灰华盖板相隔，其厚度几厘米至十几厘米不等。仅在上层顶部也常见有一层厚度不等的盖板或石灰华覆盖着。两层堆积的岩性差别不大，上层是浅灰黄色亚黏土层，含少量灰岩角砾和钙质结核，胶结程度不高，内含化石，厚度为 0.2～0.4 米。下层也是亚黏土层，但颜色已变为浅褐黄色，含砂量增高，堆积物的水平层理明显，除靠岩壁部分胶结坚韧外，其余不见胶结现象，其中含少量砾石和灰岩角砾，还有一些小钟乳石残片。偶见大块角砾，这可能是流水作用和风化坍塌所致，此层富含动物化石，厚度约 1 米，个别地方只有半米或更薄。两层盖板的存在说明了两层堆积物之间有一段沉积间断，但出土的动物化石种类并没有明显的区别。

英德市九龙镇礼堂山遗址

广东省清远市英德县（今英德市）九龙镇礼堂山在英西峰林之中，距九龙镇仅 2 公里。这里发现了两个山洞，均位于一打石场中，大者约 100 平方米，小者约 5 平方米。两山洞均在半山腰，位置高度约为 30 米。化石层位于一层夹于两大钙板层之间的棕黄色亚黏土层之中，堆积厚薄不一，最厚处可达 1 米余，薄处只有 0.3 米左右。这层堆积的岩性变化很少，基本属一个时期的堆积物。从遗址中发现的动物化石组成上可以看出，其大部分种属均是华南地区大熊猫—剑齿象动物群，而且绝灭种占相当大比重，喜冷性种属极少，林栖性动物占主要地位。由此可见，这是一个反映热带亚热带森林型生态环境的动物群。其生存的年代不会晚于大理冰期，起码处于庐山大理间冰期时期，但由于动物群组成中未出现早更新世时期的代表种属，所以属于中更新世时期动物群的可能性最大。

封开峒中岩遗址

封开峒中岩遗址位于广东省肇庆市封开县渔涝镇河儿口村北面,洞口相对高程 15 米。年代为旧石器时代中期。铀系法测定年代为距今 14.8 万±1.3 万年。该遗址于 1978 年被发现,1989 年发掘,面积 12 平方米,堆积厚 2 米。在洞内左支洞胶结堆积中出土两枚人类牙齿化石,形态粗壮,沟纹和小嵴多,表现出较多的原始性,属早期智人。其伴生动物群有 6 目 24 个种属,与马坝动物群基本相同,反映出当时该地区的生态环境较好,林木茂盛,水草丰富,气候温暖湿润,适合人类生存。

曲江罗坑桂龙岩动物群

桂龙岩坐落在广东省韶关市罗坑镇东北角约 1 公里处的崩山东南麓的山坡上。洞口高出洞前河水面约 9 米,与河对岸的第二阶地处于同一高度。洞口高度 5 米;洞内由前部主洞与后部支洞两大部分组成;主洞长约 250 米,高 5～15 米,宽 20～80 米;到了 250 米处则开始分成许多支洞。主洞为沿层面发育形成的水平洞,洞顶与洞底均较平坦,洞底堆满长期坍塌下来的大岩块钟乳,在岩块间隙中,充填着橘黄色的沙质黏土,少量的河卵石胶结其中,这些河卵石磨圆度较高,与洞外的第二阶地砾石层的砾石完全一样。主洞的南、北洞壁和后段底部有黏土堆积,厚度 2～5 米不等,胶结程度不等,早期的坚硬,晚期的较松软,颜色呈棕黄、橙黄不一。堆积层含有少量动物化石、砾石、钟乳石和石灰华等。经初步鉴定桂龙岩动物群共 9 目 20 科 32 属 99 种,有食虫目、翼手目、灵长目、兔形目、啮齿目、食肉目、长鼻目、奇蹄目、偶蹄目。此外还发现了一些鱼类化石,如鲶科中的鲶以及一些可能是洞穴陆龟一类的龟类化石。

罗定下山儿洞动物群

下山儿洞动物群位于广东省云浮市罗定市苹塘镇周沙下山儿洞遗址。遗址已经两次试掘,出土了智人桡骨化石和大量灵长类动物化石,多达 40 多个种属,其中最有价值的为岭南首次发现的巨羊、扬子鳄和大量猩猩、长臂猿牙齿化石。

虎头埔遗址

虎头埔遗址位于广东省揭阳市普宁市广太镇绵远村虎头埔南坡，是一处新石器时代晚期遗址，遗址面积近一万平方米。据悉，虎头埔遗址是目前国内发现的 4000 年以前的唯一一处进行专业化陶器生产的大型古窑群遗址。1982 年 10 月的首次发掘发现 15 个古窑穴，虎头埔的陶器多为矮圈足罐，底部有花纹、圈足，被称为"虎头埔类型"，在榕江流域具有相当的典型性。

樊城堆遗址

樊城堆遗址位于江西省樟树市刘公庙镇庙下村东侧，地处赣江二级支流雌溪上游，是赣江中下游地区典型的新石器时代遗址，年代距今约 5000—3000 年，其文化类型已被命名为"樊城堆文化"。2006 年被列为第六批全国重点文物保护单位。

樊城堆遗址于 1975 年被发现，1977—1979 年共进行过 3 次考古发掘，发掘面积 825 平方米，文化堆积厚 2~4 米。樊城堆遗址为土墩型遗址，高出旁边田地 1~3 米，南北长 124 米，东西宽 100 米，面积超过 1 万平方米。其文化堆积可分为七层，第一层为商周文化遗存，属奴隶社会；第二层是晚期堆积的上文化层，属于商周时期青铜文化堆积，距今 3500 年左右；第三层为下文化层，相当于新石器时代晚期，属于原始社会末期，距今 4000 年左右；第四至第七层为新石器时代晚期文化遗存，距今 5000—4500 年，其下文化层与赣江东岸的筑卫城遗址下文化层属同一类型。发掘共出土石器 283 件，网坠 128 件，鼎足形状器物达 12 种 998 件，代表 300 多个体，仅鼎类可分盘形、釜形、罐形、壶形 4 种。出土的文物有石斧、石铲等生产工具，杯、碗、罐等生活用具。另外还发现制陶窑址。上、下文化层均发现刻划文字和符号。陶器的装饰工艺多系刻划、压印、剔刺，亦有彩绘，其纹饰达 40 余种。

江西万年仙人洞遗址

万年仙人洞遗址位于江西省上饶市万年县大源乡境内，遗址出土遗物丰富，2001 年被列为全国重点文物保护单位。地处赣东北石灰岩

丘陵地区的一个山间盆地。仙人洞遗址的洞口朝向东南，洞口开阔并向前伸展，呈岩厦状，剖面呈弧形，最高处近 6 米，宽约 19 米。洞穴深 40 米，可分成南北 4 个支穴。

该遗址距今 1.4 万多年，是新石器时代洞穴遗址，也是世界稻作文化的发源地。

遗址出土遗物丰富，有石器、骨器、穿孔蚌器、陶片和人头骨、下颌骨、牙齿等，还有数以万计的动物骨骼碎片。其中最特别的是年代超过万年的夹粗砂条纹陶、绳纹陶，这不仅是东亚地区，也是世界上目前发现年代最早的陶器标本之一。此外，还发现了 1.2 万年前的野生稻植硅石和 1 万年前的栽培稻植硅石，这是现今所知世界上年代最早的栽培稻遗存之一。

江西拾年山遗址

拾年山遗址位于江西省新余市渝水区水北镇拾年村东面，其西南 5 公里之地为蒙山之阳，东、南、北三面有蒙河水系环流，是一座台地型古文化遗址，分布面积约 6 000 平方米。该遗址系 1984 年 10 月考古调查发现；曾先后三次进行考古发掘，出土文物中，石器有镰、锄、斧等，陶器有鼎、缸、簋、杯等 4 000 余件，清理墓葬 136 座等。通过大面积发掘和资料表明，拾年山遗址是一座具有一定布局特色的原始村落遗址，整个遗址以高出周围数米为自然壕沟，它的北部为居住区，南部为公共墓区，东部为作坊区。其第一期文化特征期与马家浜文化、大溪文化相似，年代测定距今 6000—5500 年；第二期文化与薛家岗三期文化相似，年代测定距今 5500—5000 年；第三期文化与石峡文化、筑卫城下层、樊城堆下层、尹家坪下层有联系，年代测定距今 5000—4500 年。三期文化的划分是对江西新石器时代遗存作为分期研究，它从侧面反映了江西在古代文化交往方面所占的重要位置。拾年山遗址发现的排列有序圆形房址、氏族公共墓地中有圹穴、无圹穴墓和瓮棺葬云集一地的葬俗，以及种类俱全颇具特色的器物都是江西省内史前考古中仅见或少见的，其丰富的文化内涵引起了考古界热切关注。拾年山遗址不仅是研究江西史前文化的宝库，也是探讨南方古代文化的宝库。拾年山遗址于 2000 年 7 月被列为江西省文物保护单位；2013 年 5 月，被国务院列为第七批全国重点文物保护单位。

湖南安乡汤家岗遗址

汤家岗遗址位于湖南省安乡县安全乡汤家岗村，系长江中游新石器时代典型的原始文化遗址，遗址总面积约 4 万平方米。该遗址于1977 年发现，湖南省博物馆和省考古研究所先后三次对其进行发掘，清理了多处房屋遗址、灰坑和一百多座墓葬，发现了环壕土围、炭化稻米、祭祀人类头骨等众多遗迹遗物，出土文物数千件，尤以印纹白陶闻名于世。1996 年，湖南省人民政府将其公布为省级文物保护单位。2013 年 5 月汤家岗遗址被国务院公布为第七批全国重点文物保护单位。

汤家岗遗址分为早、中、晚三期。早期有灰坑（即原始人废弃物堆放之地）1 个，墓葬 10 座。早期石器除磨光石斧外，还有将卵石砸开、裂面磨平、另一面保留天然石面的敲砸器，同时还发现有以燧石上打击落下来的石片。陶器按陶系分，数量最多的是粗泥红陶，其次为砂红陶、粗黑陶、泥质酱褐胎黑皮陶、泥质白陶等。器形有釜、盘、钵、碗、盆等。早期灰坑中出土的一件陶塑猴头，陶塑刻出眼、鼻孔和嘴，吻部和眉骨均明显突出，为原始社会的艺术品。中期有灰坑 9个，墓葬 2 座。中期石器有斧、弹丸、敲砸器、打磨器等。陶器中夹砂红陶增加，泥质酱褐胎黑皮陶减少，出现少量泥质灰陶。彩陶数量略有增加，出现了红陶白衣上绘红、褐彩的，图案有点线纹、网纹、旋涡纹、波状纹等，其他装饰方法有印纹、刻划纹和拍印纹饰。器类有圜底器和圈足器，计有罐、釜、碗、盆、钵、盘、豆、器盖、器垫和器座等。晚期有灰坑 2 个，生产工具有石斧、锛、凿、铲、敲砸器、活动砺石和陶纺轮等，石器磨制极精。晚期陶器陶质的变化是：夹砂红陶数量超过泥质红陶，泥质酱褐胎黑皮陶大为减少，偶见白陶，泥质灰陶增加，出现了少量泥质黑陶。在制法上仍不见轮制痕迹。器形上的变化体现在出现了鼎，并出现了平底器，彩陶数量较中期减少，纹样无显著变化，主要器形有釜、盆、钵、瓮、豆、鼎、盂、器盖等。

参考文献

［1］中国科学院《中国自然地理》编辑委员会．中国自然地理·动物地理［M］．北京：科学出版社，1979.

［2］中国科学院《中国自然地理》编辑委员会．中国自然地理·气候［M］．北京：科学出版社，1984.

［3］周明镇．哺乳类化石与更新世气候［J］．古脊椎动物与古人类，1963（4）．

［4］张家诚，等．气候变迁及其原因［M］．北京：科学出版社，1976.

［5］徐钦琦，尤玉柱．和县动物群与深海沉积物的对比［J］．人类学学报，1984（1）．

［6］吴汝康．广东曲江发现古人类化石［J］．古脊椎动物学报，1958（4）．

［7］广东省文化局．广东发现第四纪更新世中期人类头骨化石［J］．文物，1959（1）．

［8］郭沫若．中国史稿（第1册）［M］．北京：人民出版社，1976.

［9］翦伯赞．中国史纲要（上）［M］．北京：人民出版社，1983.

［10］李炎贤．我国南方第四纪哺乳动物群的划分和演变［J］．古脊椎动物与古人类，1981（1）．

［11］徐恒彬．广东最早的人是谁［J］．科学之春，1981（6）．

［12］张传玺．中国古代史纲（上）［M］．北京：北京大学出版社，1989.

［13］宋方义，黄志高．马坝人化石地点发现石器［J］．人类学学报，1985（2）．

［14］宋方义．曲江县马坝人化石洞穴发现打制石器［M］//中

国考古学会. 中国考古学年鉴 1985. 北京：文物出版社，1985.

[15] 尤王柱，等. 大连古龙山洞穴文化遗物及对当时古生态环境的探讨 [J]. 史前研究，1985（1）.

[16] 裴文中. 广西柳城巨猿洞及其他山洞的第四纪哺乳动物 [J]. 古脊椎动物与古人类，1962（3）.

[17] 戴国华. 华南地区新石器时代早期文化的动物考古学研究 [J]. 史前研究，1985（2）.

[18] 王丽娟. 桂林甑皮岩洞穴遗址第四纪孢粉分析 [J]. 人类学学报，1989（1）.

[19] 李文漪. 论中国东部第四纪冷期植被与环境 [J]. 地理学报，1987（4）.

[20] 杨式挺. 谈谈石峡发现的栽培稻遗迹 [J]. 文物，1978（7）.

[21] 杨式挺. 浅说粤港"牙璋"及相关器物：夏商周文化南传迹象探微 [M] //南中国及邻近地区古文化研究. 香港：香港中文大学出版社，1994.

[22] 苏秉琦. 中国文明起源新探 [M]. 沈阳：辽宁人民出版社，2009.

[23] 杨式挺. "大湾文化"初议：珠江三角洲考古学文化命名探讨 [J]. 南方文物，1997（2）.

[24] 英德市博物馆，等. 英德史前考古报告 [M]. 广州：广东人民出版社，1999.

[25] 顾海滨. 牛栏洞遗址水稻硅酸体的研究 [M] //英德市博物馆，等. 中石器文化及有关问题研讨会论文集. 广州：广东人民出版社，1999.

[26] 杨式挺. 石峡文化类型遗存的内涵、分布及其与樊城堆文化的关系 [M] //广东省博物馆，曲江县博物馆. 纪念马坝人化石发现卅周年文集. 北京：文物出版社，1988.

[27] 杨式挺，向安强. 中国稻作农业起源再思考 [M] //英德市博物馆，等. 中石器文化及有关问题研讨会论文集. 广州：广东人民出版社，1999.

[28] 杨式挺，等. 广东新石器时代文化及相关问题的探讨 [J].

史前研究，1986（1－2）．

　　［29］冯孟钦．广东封开籍竹口遗址发掘简报［J］．文物，1998（7）．

　　［30］杨式挺．建国以来广东新石器时代考古略述［J］．学术研究，1985（5）．

　　［31］杨式挺．岭南文物考古论集［M］．广州：广东省地图出版社，1998.

　　［32］李家和，等．再论樊城堆—石峡文化：二谈江西新石器晚期文化［J］．东南文化，1989（3）．

　　［33］杨晓燕，等．稻作南传：岭南稻作农业肇始的年代及人类社会的生计模式背景［J］．文博学刊，2018（1）．

　　［34］张文绪，等．石峡遗址 M104 古稻稃壳印痕研究［J］．华南农业大学学报，2007（2）．

韶文化研究丛书

参考文献